国家"十一五"重点图书出版规划项目

当代中国图书馆学研究文库(第四辑)

图书馆管理与服务

Library Management and Service

杨 勇 著

國家圖書館出版社
National Library of China Publishing House

图书在版编目(CIP)数据

图书馆管理与服务/杨勇著. --北京:国家图书馆出版社,2015.12
(当代中国图书馆学研究文库/吴慰慈,陈源蒸主编.第4辑)
ISBN 978-7-5013-5679-9

Ⅰ.①图…　Ⅱ.①杨…　Ⅲ.①图书馆管理—研究
②图书馆服务—研究　Ⅳ.①G251　②G252

中国版本图书馆CIP数据核字(2015)第213712号

书　　名	图书馆管理与服务
著　　者	杨　勇　著
责任编辑	高　爽　王炳乾

出　　版	国家图书馆出版社(100034　北京市西城区文津街7号) (原书目文献出版社　北京图书馆出版社)
发　　行	010-66114536　66126153　66151313　66175620 66121706(传真),66126156(门市部)
E-mail	nlcpress@nlc.cn(邮购)
Website	www.nlcpress.com ——→投稿中心
经　　销	新华书店
印　　装	北京玥实印刷有限公司
版　　次	2015年12月第1版　2015年12月第1次印刷

开　　本	710×1000(毫米)　1/16
印　　张	15
字　　数	220千字

书　　号	ISBN 978-7-5013-5679-9
定　　价	70.00元

《当代中国图书馆学研究文库》编委会

序

杨勇教授1983年毕业于北京大学图书馆学系,同年到云南大学图书馆工作,2004年转到云南大学情报与档案学院任教,现任云南大学公共管理学院情报与档案学系教授,硕士研究生导师。作为杨勇在北京大学学习期间的学长,我和她相识已经有近30个年头了。虽然大学毕业后我留在北京,她去了昆明,但我们一直没有中断联系,特别是最近几年,因为同在教育部高等学校图书馆学教学指导委员会担任委员,我们的联系就更多了。近30年来,我见证了杨勇通过刻苦学习、勇于探索、勤于实践而取得的进步;而她扎根西部、为云南地区图书情报事业的发展不懈努力的精神,也一直在深深地感动着我。

杨勇在西部边陲为图书馆事业辛勤耕耘,取得了一系列的研究成果。这本论文集收录的24篇论文,就是她在图书馆管理与图书馆服务研究方面取得的代表性成果。这些论文从宏观层面的图书馆发展环境、发展要求、发展模式、目标选择、对策思考,到中观层面的图书馆知识管理、全面质量管理、业务工作重组、业务规程与评估指标体系、图书馆服务能力系统与能力提升、图书馆员的转型与职业修养,再到具体的文献信息资源的布局配置与保障方略、馆藏文献资源的数字化建设、图书馆服务方式的转型及一体化服务、信息获取的规范化与有效控制、大学生(用户)信息素质的教育培养等,无一不体现着她对图书馆理论和现实问题的深度关注和思考。

杨勇大学毕业后先是在高校图书馆工作,使得高校图书馆的实践问题研究成为她研究成果中最为突出的部分。这本论文集中的论文,无论是对高校图书馆的发展研究，还是对高校图书馆的管理研究，甚至包括对高校图书馆的资源研究、服务研究等，都体现出了她曾经作为一位高校图书馆实际工作者的独到见解，许多具有创新意义的观念和方法，对于我国高校图书馆事业的发展具有较大的参考作用。即使后来转入了图书馆学教育领域，杨勇仍然没有脱离对图书馆实践问题的思考。她以一个图书馆实际工作者和教育者的双重身份，从图书馆实践的角度审视图书馆人才培养的问题，分析我国图书馆学教育与图书馆实践之间存在的问题，深入探讨图书馆学教育的改革，由此撰写出的论文在我国图书馆学教育领域产生了较大的反响。

杨勇在云南大学图书馆工作期间，正是我国图书馆事业改革创新、向现代化转型的重要时期。当时，各种社会思潮被引入图书馆学的研究，形成了百花齐放、百家争鸣的态势，同时也冲击着图书馆人的传统观念和思维习惯；各种新技术应用于图书馆，也给了图书馆学更大的研究空间。她对图书馆的转型具有较为清晰的认识，不仅提出了传统、单一、封闭型的图书馆要向现代化、多功能、开放型图书馆转型的思想，并且结合我国国情提出了图书馆转型的具体举措:《新世纪大学图书馆发展目标选择的思考》《试论转型期高校图书馆的多元一体化服务》《转型期我国高校图书馆服务方式的转变》《21 世纪我国大学图书馆员转型的思考》等论文就是这方面研究的成果；而现代信息技术在图书馆的广泛应用，尤其是数字化、网络化的发展，给图书馆各项业务工作带来了前所未有的机遇和挑战，图书馆在变化中如何把握机遇，如何迎接挑战，她也做了深入的思考，如《图书馆馆藏文献数字化建设若干问题的思考》《网络环境下信息获取的非规范行为及有效控制的目标和原则》《数字时代大学生的信息素质教育——基于知识结构优化的思考》等论文，则是这些思考后的产物；特别是《试论转型期高校图书馆的多元一体化服务》一文，面对由于数字化、网络化形成的图书馆服务多元化格局，探讨了图书馆一体化服务的问题，可说是她当年对今天图书馆"一站式"服务的思考，很有前瞻性。

杨勇在关注图书馆实践问题的同时，也关注着图书馆学理论研究的进展。如她在《面向学习型社会的图书馆知识管理问题思考》一文中引入了知识管理理论，提出图书馆的知识管理应当注重知识管理环境的形成以及信息资源的管理、技术资源的管理和人力资源的管理；在《全面质量管理理论在图书馆的应用进展以及图书馆的管理应对》一文中，应用全面质量管理理论，提出了两个“中心”和四个“全”字思想，并对图书馆如何开展全面质量管理提出了建议。她还善于应用其他学科的理论对图书馆学问题加以研究，使研究方法更为开放，研究内容更为深入。如《校、院、系分级管理与文献资源的布局配置》一文，应用了经济学中的资源配置理论；《论图书馆服务能力的全面提升——基于图书馆服务能力系统的讨论》一文综合应用了系统科学理论、心理学理论以及组织管理理论等；《网络环境下信息获取的非规范行为以及有效控制的目标和原则》则应用了信息伦理学理论等。

杨勇勤学善思，无论是在学生时代还是在工作以后，一直都保持着读书和思考的习惯，对各种新理论、新观点、新技术、新方法始终保持着浓厚的兴趣，论文集中处处可见其不断学习、不断探索的精神。作为一位研究者，其严谨的学风使该文集不乏理论参考价值；作为一位实践者，其关注现实问题的风格使该文集具有指导实践的意义；作为一位学人，其不断进取的探索精神使该文集中的论文充满新意；而作为一位女性，其细腻的笔法则使该文集具有较强的可读性。当我获知杨勇的论文即将结集出版并被收入《当代中国图书馆学研究文库》(第四辑)，我为她感到由衷的高兴，这是对她从事图书馆工作和图书馆学教学、科研近30年最好的褒奖。

我愿意向广大图书馆工作者和图书馆学研究者推荐杨勇教授的这本论文集。

刘兹恒

2012年11月于北京大学

目　　录

面向学习型社会的图书馆知识管理问题思考

1 引言

传统意义上的图书馆以管理各类知识载体——文献，并向用户提供这些文献的实体服务为工作重点，其服务工作体现在借阅文献中。二战结束后，科学技术、文化教育以及政治经济的发展，使人们对信息的实际需求以及利用图书馆的观念发生了变化，图书馆的功能由单纯意义上的文献载体管理转向了图书信息一体化管理，即在完成各类馆藏文献的管理与服务的同时，必须建立完善的检索体系，以向用户提供信息服务，这一模式对于以前的借阅服务模式是一种深化，通过信息服务可回答读者提出的信息要求“有”还是“没有”，“有多少”“在何处”等信息咨询问题。图书馆如何适应社会发展及用户需求的转变，如何从对载体的管理向知识的管理转变，从对文献信息的一般性服务向深层的知识型服务转变，成为图书馆界目前研究的一个热点问题。

为适应这一转变，图书馆界的有识之士受企业知识管理思想的启发，提出了知识管理这一新思考。这一思考反映了图书馆发展的历程，即由书刊等实物管理向书刊、信息一体化管理发展，进而向知识管理深化。同时，也体现了图书馆界与时俱进、创新发展的新思路。图书馆如何适应管理的深化，如何建立面向学习型社会知识管理机制，是本文讨论的重点。

2 面向学习型社会的图书馆知识管理的意义

学习型社会出于全社会对知识学习的要求,要求图书馆应提供多层次、全方位、多方式、多元化的服务,以适应不同层次、不同群体、不同学科读者需要的管理方式。如传统图书馆主要提供文献实体服务,提供的服务较为表层,学习型社会则应提供多元化的深层次服务,包括信息服务和知识服务。又如传统图书馆除公共图书馆面向全社会开放外,其他类型的图书馆都只面向一定的群体开放。学习型社会要求全民学习、终身学习,图书馆则必须走向全面的开放。再比如传统图书馆仅提供馆藏文献检索,图书信息一体化建设促使图书馆应能实现全社会文献信息的检索服务,以满足一定专题的信息需求。知识经济时代的到来以及学习型社会则要求图书馆在提供知识检索服务方面适应学习型社会发展的要求。再比如在文献的整理方面,传统图书馆是对馆藏文献进行分类编目,形成馆藏目录后提供读者使用。随着图书馆文献信息一体化的建设,对文献进行主题标引成为文献管理的新方式。经过主题标引,读者可通过主题目录了解文献内容,为有目的阅读和学习提供方便;拓展图书馆的服务,如信息检索服务、课题跟踪服务、立项查新服务等。知识经济时代,快节奏的生活方式以及对知识需求的实效性要求,人们更渴望得到便捷的知识服务,以较少的时间和精力学习更多的知识。如果能够通过图书馆人的努力将文献的知识揭示出来,必将会对读者提供更多的帮助。这一系列的转变都要求图书馆在学习型社会建设的过程中研究自身管理方式的转变。

关于学习型社会的建设与图书馆,已有多篇文章见诸报端。文章大多是从图书馆的一般社会职能、社会作用出发,讨论图书馆在学习型社会建设中如何发挥职能,营造学习环境,促进全民学习、终身学习风气的形成等问题。从知识经济条件下面向学习型社会的建设如何深化图书馆管理方面的问题则讨论不多,从图书馆由文献信息的载体管理向知识管理转变,以适应学习型社会的问题也还没有看到有文章发表,这就不能不引发我们对这一问题进行深入的探讨。

对于什么是图书馆的知识管理,目前在图书馆界有许多观点,这里不多加讨论。但其中最主要观点认为图书馆知识管理是指对信息资源及相关的智力资源所进行的管理。信息资源和智力资源都是学习型社会中学习的对象,同时也是管理的对象。所谓知识管理其目的就是通过对以上对象的管理提高图书馆自身管理的效率,并深化图书馆的管理和服务,以满足不同用户对各种文献以及信息的需求。其本质在于对信息的收集、整理、存储和传递进行严密的组织管理,更进一步地把握知识间的相互联系,创造一种隐性知识与显性知识互动的机制和满足学习型社会需求的知识学习平台,从而创造出新的知识去满足社会发展的需要。知识管理的这一本质特征正是学习型社会发展的目标,也是图书馆发挥其功能,在学习型社会中得以生存和发展的根本所在。

学习型社会是在知识经济时代提出的建设目标,因而面向学习型社会的图书馆管理也应当满足于知识经济时代人们对知识学习的要求和规律。在管理方面由载体管理转向知识管理,由表层管理转向深层管理,从而通过管理的深化,发掘知识资源,提供更好的学习平台,以推动社会进步与知识创新,为自身发展注入活力和生机,也为社会发展贡献力量,这就是面向学习性社会的图书馆知识管理的深层含义。

3 面向学习型社会的图书馆知识管理的实现

图书馆知识管理是一项系统工程,涉及图书馆管理的方方面面。面向学习型社会的图书馆知识管理将围绕为全社会建设一个良好的全民学习、终身学习的平台为主要目标展开工作,它主要包括了与知识管理有关的管理环境、信息资源、技术资源、人力资源等方方面面的管理。

首先是知识管理环境的形成。面向学习型社会的图书馆知识管理需要一定的环境,这一环境是指在图书馆内部所建立的一系列适应知识管理的文化及行为模式,包括硬件环境和软件环境。硬件环境包括三个方面,一是社会信息化环境的形成。图书馆知识管理的最终目的是收集全社会的信息资源,进行严密组织,使所有信息资源形成有机的知识链,从而通过网络向全社会传递,这一过程必须在信息化、网络化环境下才能实现。二是图书馆数字化的建设。图书馆知识管理的目标是要对信息的收集、整理、存储和传递进行严密的组织管理,更进一步地把握知识间的相互联系,深层挖掘文献信息隐含的知识。数字化的建设对于文献信息的管理将从对文献信息单元的管理走向对文献信息中包含的词语的管理,这将为深层挖掘文献信息中的知识元素提供便利,在手工环境下要实现这一目标显然是天方夜谭。三是网络化环境的形成。面向学习型社会的图书馆是要面向全社会提供学习服务的,必须建立起全开放的网络系统。网络系统的建设将对全社会提供不受时间空间限制的服务,这正体现了学习型社会全民学习、终身学习、全过程学习的要求。软件环境相对于硬件环境,主要是指图书馆建设知识管理体制所必需的人文环境的建设,包括相应的组织机制、组织文化、用人机制、创新机制、员工素质等。毫无疑问,建设知识管理的环境,是形成知识管理系统的基础。

第二是信息资源的管理。如前所述,传统图书馆对文献信息的管理主要是对载体的管理,如何在原有知识载体管理的基础上向前发展,以实现对知识本体的管理,是知识管理需要解决的问题。这里主要解决对文献信息进行知识化的组织管理问题,即对信息资源进行多层次加工整理,将蕴藏在文献信息中的知识挖掘出来,使隐性知识显露出来,使固化知识活化起来,进而建立动态有效的知识库的过程。发达国家的图书馆较早开始了这一方面的研究和实践,如美国在知识管理方面发展较快,许多图书馆都在加强这一方面建设,一些图书馆在启动数字图书馆建设项目中,就定位于知识发现系统的建设。这是一个全新的数字图书馆建设观念,其目的是力图通过数字图书馆建设改变原有的文献信息组织管理模式,将文献信息进行重新组织和整合，形成全新的深层的知识体系，以完成知识管理模式下对信息资源的管理。

第三是技术资源的管理。从前面的论述中我们已知，图书馆实现知识管理必须依托现代信息技术。实现图书馆的知识管理，应当注重与之相适应的新技术的应用。与知识管理相适应的新的分类技术、浏览技术及数字化技术，可以使知识形成相互关联的系统，不受时空限制，使知识从数量和质量上被世界上任何地方的任何人所利用。要使如此强大的知识传递功能得到充分发挥，图书馆必须依靠强大的计算机网络系统和数字图书馆系统，同时也必须在这些条件的支持下建立起一套完善的技术资源管理系统，以实现对知识的发现、选择、收集、整理、储存、传递等，实现完善的技术管理。

第四是人力资源管理。图书馆实现知识管理必须依靠高素质、懂技术、有一定学科知识的高素质人才，能对文献信息知识进行选择、整合及传递，这对图书馆员提出了更高的要求。图书馆员应不断学习，提高自身的能力和水平，以适应学习型社会和知识管理的要求，另一方面还应当学习知识管理方法。图书馆应建立知识管理的机制，加强馆员培训，给馆员们创造一个发挥其才能的环境。目前，许多图书馆所采用的学科馆员制便是一个行之有效的方法，它使馆员工作的目的性更强，学科知识含量更高，更能发挥馆员在学习型社会中提供专门知识服务的作用。

参考文献

1 魏丕植. 创建学习型社会之我见. 河南社会科学，2003(1)

2 刘红. 图书馆应从知识载体管理转向知识管理. 四川图书馆学报，2002(6)

3 刘秀华，谭文华. 论图书馆的知识管理及其实现策略. 情报方法，2003(2)

4 蒋玲玲. 图书馆知识管理与知识服务. 现代情报，2003(7)

5 邓滨. 图书馆知识管理与知识环境的构建. 图书馆建设，2002(5)

6 李思经. 从信息管理到知识管理的发展. 情报学报，2001(6)

原载于《云南图书馆》，2004 年第 2 期

全面质量管理理论在图书馆的应用进展以及图书馆管理应对

1 引言

20 世纪 80 年代以来,现代图书馆管理思想逐步取代了传统图书馆管理思想,在理论和方法上都有了许多重大突破,对现代图书馆的管理产生了巨大的影响,同时对图书馆的发展也起到了不可低估的作用。我们不难发现,现代图书馆管理理论和方法正在走向科学、规范、成熟;应用于图书馆实践,也越来越具有实际指导意义和可操作性。

与传统图书馆管理相比较,现代图书馆管理理论与实践受到现代社会及现代管理学思想的影响,有着非常明显的时代特征。从研究层面看,主要表现为:从传统经验主义为主导的研究逐步走向了以理性思维为主导的研究;从封闭于图书馆内部,就图书馆管理谈图书馆管理的研究逐步走向了探求现代管理学新思维、新理论和新方法,进而在研究领域有了许多新的突破。从理论层面看,全面引入现代管理学理论,使图书馆管理思想逐步摆脱了传统图书馆"以管理为核心"的理论束缚,形成了一系列与现代社会相适应的"以消费者(读者)为中心"的现代管理理念和思路,实现了研究基础的转变。从应用层面看,更加关注现代图书馆的管理质量、核心竞争力及战略管理能力和管理机制的培养;从初期对现代管理学理论和方法的研究探讨逐步走向了努力付诸实践的尝试与应用,逐步实现了现代管理学理论与图书馆管理实践有机结合,取得了可喜的成果。本文所要论及的全面质量管理理论(Total Quality Management,TQM),正是在这一变化过程中被引入现代图书馆管理中最具代表性的现代管理学理论之一。

"全面质量管理"在图书馆界已不是一个陌生的词语。20 世纪 80 年代末,该理论被引入并应用于图书馆管理实践,使图书馆管理理念、管理方法、运作方式发生了根本性的变革,同时在不断的实践中得到了新的发展。与此相随,无论是理论和实践,都已有许多论著发表,并在近几年形成了研究的高潮。但值得注意的是,全面质量管理理论还在继续发展,对其内涵还需要进一步探讨;与其他管理学理论和实践相结合,在实践中仍然有许多需要进一步探讨的问题。本文试图对该理论在图书馆领域的应用进展进行探讨,并对今天的图书馆实施全面质量管理必须面对的问题谈点个人的思考,期待能对图书馆管理有一定的参考价值。

2 全面质量管理理论及其内涵

我们看到的许多论著中都谈到,全面质量管理思想最早发源于第二次世界大战后美国管理学大师 W. 爱德华兹 · 戴明(W. Edwards Deming)应邀去日本推行的管理思想"戴明圈",目的是促进产品质量的提高,获取企业的最大信誉。20 世纪 80 年代初,这一思想逐渐发展成为全面质量管理理论。该理论的形成,在当时的工商企业与公共组织内掀起了一场革命,在美国和日本的企业界应用,获得了巨大的成功。"各国纷纷仿效,并结合本国国情加以改造,终于形成了一个世纪性的全面质量管理大潮流。"[1]

全面质量管理理论为什么会有如此大的魅力呢?原因在于她代表了一种与传统管理理论相反、符合现代企业发展要求和社会需求,并为企业带来巨大生机的观点。

传统观点认为,低成本是提高生产率、扩大市场的唯一途径,为获得低成本、高效率,企业纷纷将目光投向了成本和市场,认为只要规范管理,就能够达到既定目标。因而量化管理、目标管理、成本管理、效率管理等“以管理为中心”的理论方法成为传统管理思想的核心。

全面质量管理理论则不然,它强调的是产品的质量,以向用户提供最佳质量的产品来实现企业的最佳效益。坚持不懈地改进产品质量,是企业获益的重要手段,产品成本问题则降到了次要位置。以此为出发点,全面质量管理理论认为,产品质量的优劣不能由企业自己认定,也不完全由市场确定,而应当由顾客评判。从这一意义上分析,顾客实际掌握了企业的命脉,顾客对产品和服务质量的满意度成为企业关注的焦点。企业家们认识到,只有通过关注顾客才能使产品质量符合用户需求,达到最佳市场效益,“以顾客为中心”的管理思想与传统“以管理为中心”的思想形成了鲜明的对比。

顾客对质量的满意度,来自于企业组织中员工的所有工作和所有活动的质量,因此全面质量管理将企业内全员参与以及员工和社会的受益程度作为了又一重要关注点。员工受益直接影响产品质量和服务质量,社会受益则会为企业提供更广阔的发展空间。顾客满意以及本组织内所有成员和社会受益是获得长期成功的根本,为了达到长期成功的目的,必须关注“组织中所有工作、所有活动的质量。因为组织为顾客提供的产品和服务不仅与最终产品有关,也与组织中的每项工作都发生联系,所以它要求改进组织中每项工作的质量”[2]。

国际标准化组织(ISO)一直都在关注着全面质量管理理论的进展,1994年在总结全面质量管理理论的基础上,颁布了国际标准ISO 8402:1994,为TQM做了科学、规范的定义。即全面质量管理理论是“一个组织以质量为中心,以全员参与为基础,目的在于通过顾客满意和本组织所有成员及社会受益而达到长期成功的管理途径”[3]。我国国家标准GB/T 6583－94(《质量管理与质量保证——术语》)也为TQM下了同样的定义,阐明了全面质量管理思想的内涵。定义首先落脚于 TQM 是一种管理途径，是对质量进行全过程监控管理，而不是仅对结果进行评价管理；其次强调了该理论是以质量为中心的全方位管理，强调了顾客以及顾客满意度的重要性，形成了以顾客为中心的理念；再次强调了组织内全员参与的重要性，以及员工也是顾客的思想；最后强调了全面质量管理达到的目的必须是顾客、员工、社会的全面受益和长期受益。我个人认为，这两个“中心”（以顾客为中心，以质量为中心）和四个“全”字（全过程监控，全方位管理，全员参与，全面受益），正是全面质量管理理论的精髓。

3　全面质量管理理论与方法在图书馆的应用

众所周知，对于现代企业而言，尤其是现代服务性企业，最重要的莫过于质量，其产品质量、服务质量、消费者的评价无疑是企业的生命线。全面质量管理理论正是在企业的这种本能需求、社会和顾客对现代企业的期望以及现代企业间激烈的竞争中诞生的。

对现代图书馆而言，质量同样是永恒的话题。尤其是在现代信息化环境中，图书馆作为社会服务机构，提供的产品、服务的质量以及读者的满意度，无一不在表明，你今天不以质量为中心，读者为上帝，你明天就会被读者和社会所抛弃。全面质量管理思想与现代图书馆管理的要求、读者的期望、图书馆的信誉要求正是在这里一拍即合，因此全面质量管理理论一出现，就立即引起了图书馆界的关注，毫无疑问地被接受并被应用于实践，获得了成功。

很多相关论著中都有这样的内容：在图书馆实施全面质量管理的最早实例属于美国俄勒冈州立大学图书馆的实践。1990 年，该馆首先在 TQM 理论学习及可行性探讨的基础上，成立了两个质量改进小组，分别解决新学年第一学期归还的大量书刊不能及时上架以及政府出版物的流程质量问题。经过质量改进小组员工与读者协调员的共同努力，加上一系列馆内外用户调查、确定有待解决的问题、提出改进办法、制定新的工作流程等工作，两个质量改进小组都圆满实现了目标，并在实施全面质量管理的过程中实现了员工参与、读者测评、工作过程监控、构建服务质量体系等目的。

如果说俄勒冈州立大学图书馆的实践还只是尝试的话，那么德克萨斯 A&M 大学图书馆、澳大利亚 Wollongong 大学图书馆、英国女王大学图书馆的实践就更具有了系统实践的意义。德克萨斯 A&M 大学图书馆率先将 SERVQUAL 评价系统用于了对用户的调查。这是一种“基于用户感知与期望差距的服务质量评价模型”[4]，在该模型中充分体现了“以读者为中心”“以质量为中心”的理念。德克萨斯 A&M 大学图书馆利用该模型进行读者调查，找到了“该馆在提供的服务质量与用户期望和满意程度等方面存在着四大差距：①馆员们对用户的实际需求理解上存在着较大差距；②图书馆服务规范与用户对图书馆管理的期望之间存在差距；③图书馆提供的实际服务与质量要求存在差距；④图书馆所提供的服务与提供服务相关的外部实际情况之间存在差距”[5]。这为改进服务质量，实现全面质量管理目标提供了依据。澳大利亚 Wollongong 大学图书馆于 1994 年正式开始实施全面质量管理，专门制定了“质量和服务卓越计划”，从七个方面对质量和服务提出了要求。经过两年的努力，于 1996 年获得了澳大利亚质量委员会（AQC）颁发的“业务成就卓越奖”[6]。英国女王大学图书馆在女王大学“全面质量管理促进组”帮助下，成立了专门的“质量促进委员会”，制定“质量改进政策”，开展了 TQM 实践，同样取得了巨大的成功。

我国清华大学图书馆在我国的图书馆界较先实施了全面质量管理，他们引入了“以读者为中心”的理念，建立起了“以读者为中心”的一体化服务体系，为实现一体化服务目标进行了馆内机构重组，使该图书馆在 20 世纪 90 年代中后期成为我国高校图书馆质量管理的楷模，本人曾于 1999 年发表的一篇文章对此进行过评论[7]。当时新组建的上海图书馆、西安外国语学院图书馆等也都不同程度地在 TQM 的实践中取得了成功的经验。

4 全面质量管理应用经验

TQM在图书馆的应用是一个复杂的系统工程，其“以质量为中心”和“以读者为中心”的核心理念，贯穿于管理的全过程。对于过程我们无须细述，我们应当关注的是，“以质量为中心”和“以读者为中心”的核心理念是如何贯穿于管理的全过程，并主导全面质量管理思想实施的。

实施TQM的图书馆的经验告诉我们，实施全面质量管理，第一，必须注重思想观念的转变。对于图书馆而言，传统管理理念有着非常深厚的基础。一方面讲加大文献的利用率，另一方面又将许多可利用的文献保存在读者禁区中；一方面讲“读者是上帝”，另一方面又对读者做出许多限制；一方面讲“以读者为中心”，另一方面又在图书馆的各项工作和活动中以如何方便管理来引导我们的行动；一方面讲“服务质量第一”，另一方面又不将读者需求和满意度作为工作的准则；一方面讲工作的协调、合作，另一方面又不注重为下一环节的工作提供高质量的保障；一方面要调动员工的积极性，另一方面则不注意员工的受益情况；一方面讲为社会提供最好的服务，另一方面又不注重社会利益……如此众多的矛盾，实际在许多图书馆的规章制度及管理中随处可见，甚至号称是代表图书馆现代化管理水平的计算机集成管理系统，其设计思想也是管理至上，而忽视读者的。可见实现思想观念转变并不是一件容易的事，必须采取有力措施，在改进质量和服务的过程中逐步转变。作为一馆的决策人员，首先必须转变观念，真正认识到“质量第一”和“读者第一”这两个核心要领的重要意义。事实上，当我们将读者、员工、领导及整个社会的利益统一起来后进行思考，这一观念的转变也就不那么困难了。

第二，理论引导也非常重要。凡是实施TQM的图书馆都将理论学习放在了首位，正确的理论观点将为正确的行动提供强有力的思想保障。要让馆员甚至读者都清楚什么是质量,什么是服务质量,什么是质量管理,什么是全面质量管理,如何实现全面质量管理,如何进行质量监控,全面质量管理与传统管理的联系与区别有哪些,在全面质量管理系统中馆员、读者、领导、社会之间的关系究竟是怎样的,等等。让馆员和读者了解这些,是全员参与、读者参与、社会参与的重要内容,也是考虑馆员利益、读者利益和社会利益的重要举措。

第三,建立实施机构及全过程监控机制。所有实施 TQM 的图书馆都建立了相应的实施机构和监控机构。TQM 与传统管理最不相同之处是,将图书馆所有工作、所有活动的所有环节都看作是一个一个的项目来实施管理,对每一环节的质量都要提出质量要求,而这个质量要求是"以消费者为中心"的质量要求,每一环节都必须做出工作质量的承诺,实行和接受监控。可见,全面质量管理实行的是项目、目标管理制;为实现工作、服务质量最优,其实施机构都是以项目组的形式出现。同时,在管理过程中,并不采取我们常用的行政管理手段,而是实现消费者满意度测评式的监控手段。下一环节的工作人员就是上一工作环节的顾客(消费者),上一环节的工作是在为下一环节服务,必须注重服务质量,考虑下一环节人员(顾客、消费者)的满意度,下一环节又对上一环节实行监控,最终将受到读者和社会的认可。这样每一工作环节的质量就都建立起了监控机制,全过程的质量管理由此形成。

第四,必须将关注读者感受放在首要位置进行考虑。通过全面质量管理实施馆的实践,我们看到了读者参与的重要性。每个实施 TQM 的图书馆都必须与读者建立和谐关系,进行经常性的读者调查,了解读者所想、所需,检查工作、服务过程中与读者需要的差距。做到缩小差距,使每个读者满意,是全面质量管理的宗旨。全面质量管理理论在关注读者方面的目标是,不仅关注群体读者,更注重关注个体读者的感受,即在服务质量方面实现"零缺点",以满足每个读者的个性化需求。馆员的感受与读者的感受经常会产生差距,关注读者就是要将这种差距降到最低。"以读者为中心""以质量为中心"只有在此时才落到了实处。

第五，实施全面质量管理，各馆必须精心设计工作和服务质量标准。早期国外许多图书馆在实施 TQM 时，大都依据图书馆法结合本馆实际设计本馆工作的质量标准，也有根据行业评估指标确定工作质量标准的。我国实施 TQM 的图书馆大多依据工作规程、评估指标。但我们不能不承认，图书馆法以及工作规程、评估指标大多针对图书馆内部工作，考虑读者因素较少；另外这些文件大多是对工作结果进行检查，而对工作过程不能进行全过程监控；同时这些文件对于质量的要求是共性化的，而非个性化的。如何应用 TQM 思想设计全新的工作和服务质量，成为实现全面质量管理的重要环节。各馆经验表明，这一设计过程必须是全员、读者、领导者共同参与的过程。因而员工调研、读者调研在此具有重要的作用。

第六，精心设计质量改进途径。对照既定的质量指标，进行质量改进，以最终实现工作质量、服务质量的最优，始终是我们实现全面质量管理的目的，也是实现 TQM 的重要环节。与质量标准的设计一样，也必须体现馆员、读者、领导者全员参与和全员受益的思想，否则将会回到传统的工作方式上去，全面质量管理不能真正实施。

第七，进行质量评价。因为全面质量管理的核心思想是“以消费者为中心”，因而质量的评价最终离不开消费者满意度的测评。图书馆在引入全面质量管理思想的同时，注意到质量评价的重要性。许多图书馆同时引入消费者（读者）满意度测评机制，即 CS 战略，真正将读者奉为上帝。同时将读者监督机制引入图书馆。此外，利用评估指标体系进行质量评价的图书馆也不在少数。但由于评估指标体系在评价中存在着非过程监控、行政隶属关系评价、共性化评价等问题，因此图书馆界有许多人士提出了新的评价方式，这对实施全面质量管理战略必将起到积极的推动作用。

最后，作为领导者，还必须进行动力研究。要实现全员参与、读者参与，必须有调动全员及读者积极性的有力措施，这也是全面质量管理得以全面实施的关键，即全员、全社会得益的管理理念的具体体现。

5 全面质量管理理论的应用进展

进入21世纪后，全面质量管理理论已为多数图书馆所接受，并在某些工作环节上开始实施。应当说，TQM战略的实施对于图书馆事业的发展起到了非常重要的作用，尤其是在社会信息化迅猛发展的今天，为图书馆提高工作质量和服务质量开辟了新的思路和途径，可使图书馆在信息化社会中赢得新的声誉，使图书馆提高在信息化社会中继续生存的竞争能力。

目前，全面质量管理思想在理论内涵方面的研究还在继续，在实践方面也还在不断摸索。从近几年发表的论著来看，研究更多集中于应用实践。总结实践经验，探索更成熟的实践方法是近年来研究的重要内容。如何建立全面的工作质量及服务质量管理保障机制、完善全过程质量监控机制、完善读者监督及满意度测评机制、完善馆员参与机制、建立质量测评体系和质量监控体系、实现质量评价认证制度等，也是这一时期研究的重要内容，并且已有许多成果面世。

需要注意的是，在近年发表的论著中，主要关注点在质量监督、质量评价和质量认证方面。代表性观点是提出实行读者满意度测评、ISO 9000质量认证等。读者满意度测评来源于工商企业“顾客满意战略”，即通常所说CS战略（Customer Satisfaction），最早由美国消费心理学家提出，是一种改变各行业经营理念、管理方式，全面追求质量标准以及消费者满意的全面质量管理方式。该理论强调顾客利益高于一切，这与全面质量管理所追求的目标完全一致，因而有人提出要将读者满意度测评作为全面质量管理实施过程中的一种重要测评方法，一些图书馆也正在试验。但该测评方式对于图书馆内部工作质量的测评有一定欠缺，如何使其更加完善还有待进一步研究。

ISO 9000质量认证体系我们并不陌生，它是国际标准化组织颁布的国际质量标准文件。2000版的ISO 9000:2000族质量管理体系认证标准发布后,对服务业的质量认证提出了八项原则,即以顾客为中心,领导的作用,全员参与,过程方法,管理的系统方法,持续改进,基于事实的决策方法,互利的供方关系等[8]。分析 ISO 9000:2000 族质量标准认证体系的八项原则,与全面质量管理理论不谋而合,应当说是对全面质量管理理论的一种具体化实践要求。正是这样,有学者提出在实施全面质量管理中应当按照 ISO 9000:2000 在图书馆实施质量认证制度。并有学者将 ISO 9000:2000 族质量标准认证制度与评估工作进行了比较[9],认为 ISO 9000:2000 族质量标准认证制度更科学、规范,更有利于实现全面质量管理。目前,国外有些图书馆已开始实施符合 ISO 9000:2000 的全面质量管理,如俄勒冈州立大学图书馆,并准备在不久的将来进行质量认证。质量体系认证将把图书馆的工作质量、服务质量纳入整个社会工作的质量体系中加以检验,对图书馆来说,进行质量体系认证对图书馆的管理将会更加规范,要求更高,也是一个重大的考验,不能不加以重视。另外,我国图书馆在管理体制方面实行的是行政隶属管理机制,这对于实现由认证机构认证也是问题之一,如何实现 ISO 9000:2000 还有许多研究空间。

此外,在一些文章中还有关于引入 6σ(读作"6 西格码")管理法[10]、SERVQUAL 评价等论述。关于 6σ 管理法,也称为 6 个标准差,是一项以数据为基础,科学的、系统的、追求几乎完美无瑕的企业质量管理方法。"6σ"以提升品质为主线,以客户需求为中心,利用对事实和数据的分析,改进提升组织的业务流程能力,是一套灵活的、综合性的管理方法体系,在企业界已有许多成功例证。它总结了全面质量管理的成功经验,吸纳了客户满意理论、变革管理、供应链管理等现代管理理论和方法,使质量成为企业追求卓越的根本途径,形成企业质量竞争力的核心内容[11],现在在图书馆引入该理论方法的研究正在进行。关于 SERVQUAL 评价法在得克萨斯 A&M 大学图书馆已有实践,此不赘述,对其进行深入研究也还在继续。

全面质量管理是一个永恒的话题,相信在理论上将会更加成熟,对实践也将会产生越来越重要的影响。

6 图书馆管理之应对

面对世界范围内全面质量管理的热潮,图书馆采取什么样的应对措施至关重要。我国在图书馆立法方面还不健全,图书馆的传统管理思想较为浓厚,加上一些社会的、人为的、主观的和客观的因素,实现全面质量管理的难度还很大。但是作为现代图书馆管理的新理论、新方法,对图书馆的发展有着重大影响的管理趋势,不能不引起我们的重视。即使我们目前还有困难,但是也必须向这一方向努力。

从国内外经验中,我们已知:转变观念,积极应对仍然是最重要的。牢记"质量第一、读者第一""没有最好,只有更好""全员参与、全社会受益""全方位实施、全过程监控"等观念,将是引导我们实现全面质量管理的基本出发点和归宿,也是我们积极应对的动力。其次,加强理论研究和学习也是不容忽视的。全面质量管理理论本身还在不断发展,目前图书馆的管理在理性思维方面还不能令人满意,因而理论研究和学习至关重要。如果今天我们还不能理解全面质量管理的要求,不能用理性思维去指导我们的行动,那么我们肯定会在竞争中失去良机。第三,还应努力创造条件,积极实践,努力实现四"全",并从实践中不断总结,以获得经验,指导我们不断进步。我们应当看到,图书馆在缺乏理性思维的同时,也还存在着坐而论道的倾向。缺少踏实作风,强调客观原因,理论上一知半解,行动上更是矮子的情况比比皆是。改变这种状况,对于全面质量管理的实现具有重要的意义。第四,关注理论发展,关注实践经验的总结,也是我们必须随时注意的。将先进的经验付诸我们的实践,将使自身得到更快更好的发展,可做到事半功倍。第五,有效的组织机制和管理机制的建立,将为图书馆实现全面质量管理提供强有力的保障。在这一机制中,应当全面遵循 ISO 9000:2000 族质量标准中的八项管理原则,充分调动各方面积极性,实现最佳质量指标。

总之，全面质量管理的全面实施，是一个比较理想化的状态，但也并不是高不可攀。通过我们在思想上充分认识，理论上不断提高，转变观念，牢记宗旨，创造条件，积极实践，精心设计，踏实工作，必将获得应有的效益。

参考文献

1,2,3 徐建华. 现代图书馆管理. 天津:南开大学出版社,2004

4 钱佳平,刘兹恒. 图书馆服务质量测评的影响因素及控制研究. 中国图书馆学报,2006(1)

5,6 付立宏,袁琳. 图书馆管理教程. 武汉:武汉大学出版社,2005

7 杨勇. 试论转型期高校图书馆的多元一体化服务. 大学图书馆学报,1999(4)

8 杨芳. 2000 版 ISO 9000 标准图书馆业八项原则释义. 现代情报,2004(11)

9 朱毅. ISO 9000 族质量管理体系认证与公共图书馆评估之比较. 图书馆工作与研究,2004(1)

10 吴晓明. 关于图书馆推行 6σ 管理法的思考. 情报杂志,2003(5)

11 6σ 管理. http://www. PassionCRM. com

原载于《云南图书馆》,2006 年第 1 期

图书馆的现代化与业务工作的重组和管理

以信息技术革命为先导,图书馆步入了向现代化全面转型发展的新阶段。向现代化全面转型发展是一个综合性概念,包含图书馆工作的方方面面,业务工作的重组与管理便是其中的一项重要内容。而且随着现代信息技术在图书馆应用的日益广泛以及图书馆管理改革的不断深入,对图书馆业务工作进行科学合理的组织与管理显得越来越重要。

图书馆业务工作的组织管理是一项系统工程,它依靠一定的业务机构、工作流程、管理机制、运行方式以及岗位设置、人员配备、资源配置等方面的协调来实现,其基本内容应当包括业务机构的设置、工作流程的设计、管理机制和运作方式的确定以及专业人员、业务岗位、基本资源(文献、技术、设备、设施等)的合理布局配置等。本文拟就现代化环境下业务工作重组和管理问题谈点想法,业务工作的重组重点是机构的重组,因而本文拟重点讨论业务机构的重组问题。

1 相关问题的讨论

我们首先将讨论现代技术环境下与业务工作重组相关的一些问题。

1.1 现代信息技术对传统图书馆业务组织工作的挑战

现代信息技术引入图书馆后,技术手段发生了飞跃性变化,图书馆将在新的技术环境下完成许多过去想做而做不到的工作，如资源的共建、共享、虚拟资源的开发利用、文献信息的集成化服务等；开展许多新业务，如数字化图书馆建设、网络信息资源的检索、网上信息资源的导航与跟踪服务、专题文献数据库制作、电子数字信息资源的开发利用等，以实现图书馆功能进一步扩展的梦想。这许多工作需要有相应的部门和岗位承担，对于图书馆传统的业务工作组织结构无疑是一个挑战。如何在新技术环境下对图书馆的业务工作进行科学合理的、有效的组织管理，使图书馆功能更有效、充分地得以发挥，非常现实地摆在了我们面前。现代信息技术应用于图书馆，将推动图书馆的现代化进程，但要全面实现现代化，还需要我们对现代技术环境下业务工作组织管理进行全面的思考，必须全面完成图书馆工作的改革与创新。图书馆工作的改革创新是多方面的，其中业务工作组织管理的改革创新是最重要内容之一。以此为切入点，进行管理改革，我们将获得图书馆业务工作的质的飞跃。

1.2 现代信息技术的应用对图书馆业务工作重组的要求

1.2.1 强调观念的创新

重组实际上就是改革，“就是要打破落后的组织结构和旧有的工作方法，寻求建立先进的业务和服务模式，对图书馆从思想观念到技术方法进行深层次的改革”[1]。重组的过程也就是改革的过程。

传统图书馆受重藏轻用思想影响，加之技术手段的落后，在业务工作的组织管理中很明显地表现为“以管理为中心”，重视文献的整理、收藏和保护，而轻视文献的深层开发利用以及依服务的要求进行合理的组织布局。因此，在业务的组织管理过程中总是有意无意地突出内部管理的便利，而忽视读者需求的重要性；在机构和岗位设置上，往往将互相联系但载体形式不同的文献分别管理，加上缺少相互联系的技术手段，也只能是管和用各行其是，不能进行集成化管理和服务，导致读者使用极大的不便。即使采用了一些先进的手段，但也只是手段而已，其服务的观念和模式并没有改变，仍然是“以管理为中心”，而不是“以读者为中心”。

“以管理为中心”转变为“以读者为中心”,这个观念的转变并不容易,要求切实可行的改革创新,现代信息技术的应用为此带来了良好的机遇。引进现代信息技术,其实质是引进新的管理思想。现代信息技术不仅可以使工作手段发生变化,提高工作效率,而且可以改变我们原有的工作内容和组织管理方式。可以利用先进的技术手段开展更深层、更广泛的服务,可以将各种载体的文献资源有机地组织成为一个整体,实现多元一体的集成化服务[2];可以推动图书馆突破原来的业务工作组织管理模式,实现“以读者为中心”的管理理念。但是我们在观念上也要充分认识到:技术是靠人操纵的,以上这一切的改变并不是引进了先进的技术就可以实现,而是要求各个图书馆必须用现代化环境下的创新思维模式去创建新的组织管理模式,去适应现代化技术的要求。有人指望引进先进技术就能解决一切问题,这是不可能也是不现实的。现代信息技术的引进,给我们工作中的要求只能是更高,内容更复杂,难度也会更大。我们必须学会许多我们原来不懂的东西,必须在对业务工作的组织管理过程中找到与现代信息技术最佳的结合点,改进现在的工作,使图书馆的功能在现代技术的推动下得到最有效的发挥。

1.2.2　强调组织管理的综合效益

对图书馆业务工作进行科学合理的组织管理,目的是为了将图书馆的人力、物力、财力、技术力量等资源进行有机的整合,“去组织一个高效率的机构”[3]。这个高效率的机构由许多不同的部门、岗位和人员组成,不同部门、岗位、人员之间必须处于相互联系、整体配合的最佳运行状态;综合各部门、各岗位以及每个人的工作,必须使读者达到最大的满足。近十年来,国外图书馆界流行“总体质量管理”(或称“全品质管理”,Total Quality Management,TQM)思想,其实质就是讲求管理的综合效益,“它是为了要达到顾客的最高满意程度所进行的长期的、全面的和彻底的内部改进,使整个机构各个功能和过程从规划、组织、执行、服务到考核能够做到整体的配合,进而形成人人参与及追求高品质服务的组织文化”[4]。清华大学图书馆于 1997 年引入这一管理思想，对业务机构进行了重组，收到了良好的效果[5]。现代技术环境对于高品质有效地组织业务及服务工作提供了较为完备的技术条件，关键在于我们必须学会去开发、去利用。综合效益还要求计算投入和产出的比例，图书馆必须摒弃过去那种公益性事业可不计成本的旧观念，在整个业务的组织管理中都应当遵循低成本高效益的原则，包括精简机构、减员增效、人力、物力、财力资源尽其所用等内容。

1.2.3　强调组织管理的系统性

图书馆传统的业务工作组织管理模式形成于传统的手工操作环境。由于技术手段的限制，手工操作最大的弊端在于工作的整体关联性差，部门之间的工作互相割裂，各自为政，各自处在一个相对封闭的状态中。有的工作交叉重复，有的工作则无人去做，直接影响图书馆整体效率的提高和综合效益的发挥。图书馆的业务工作本身是具有很强的系统性的，但由于各种人为的和技术的因素，其系统性的特点未能发挥出来。现代信息技术本身亦体现着很强的系统性，应用于图书馆，将图书馆作为一个完整的系统加以管理，必将使图书馆的系统性特点得以发挥，这正是现代信息技术的先进性和优势所在。应用先进的技术，很重要的一点是要应用它蕴含的先进思想来改进我们的工作，利用其优势达到我们的目标，否则，技术的先进性和优势也就只能停留在应用的表层。正因为此，要求图书馆业务工作的组织管理必须在与现代信息技术相适应的状态下严格遵守系统性原则，按照系统工程的规范建立整体的图书馆组织管理体系。

1.3　现代技术环境下进行业务工作的重组和管理需要研究的问题

1.3.1　研究业务工作重组的目标

在确定重组目标时，我们最不能忘记图书馆的宗旨是最大限度地满足读者对文献信息资源的需求。“不管我们在战略规划、内部机制、人事管理等方面采取了哪些新方法，最后都要反映在图书馆服务质量上。”[6]为此，图书馆业务工作重组的总体目标应当是，“建立能适应新的技术发展要求和用户期望的图书馆业务体系和服务体系，提高图书馆的工作质量和服务水平”[7]，为读者提供最满意的服务。围绕这一总目标，通过业务工作的重组，应该使图书馆在业务及服务工作上达到提高工作效率、讲求综合效益、拓展工作内容、实现功能创新及调动各方面积极性、实现最有效的运行状态的目的。

1.3.2 研究业务工作重组的基本原则

首先是科学规范的原则，所谓科学规范就是要根据图书馆工作的规律和技术规范来进行组织管理，这应当是组织管理工作的总原则。其次是体现综合效益的原则，这应当是进行业务工作重组的最基本原则。重组必须充分体现出管理的综合效益，不能体现管理的综合效益，重组也就失去了意义。第三是提高工作效率和工作质量的原则，在这里，一方面是讲求工作的速度，另一方面是讲求工作的水平。第四是以读者需求为导向的原则，实际也就是“以读者为中心”的原则，这一原则讲求的是工作的目的以及发挥图书馆整体功能的落脚点。第五是各部门、各岗位工作合作协调发展的原则。第六是各种资源合理配置、统一调控的原则。

1.3.3 研究业务工作重组的基本思路

图书馆业务工作的重组是为适应社会需求和技术环境的变化而提出的，是图书馆改革创新的重要内容之一。因此，其重组的基本思路必须是以适应读者需求和技术环境的变化为出发点，以应用先进技术、改革创新为动力，以科学规范、整体协调为指导，最终达到提高效率、提高质量、充分发挥图书馆功能的目的。

2 图书馆现行业务工作组织管理方式及机构重组的构想

2.1 对图书馆现行业务工作组织管理方式的基本认识

图书馆目前所采用的业务工作组织管理方式大多是基于手工环

境下的运作方式，其基本模式是在传统图书馆办馆思想和管理理念指导下形成的。应当说，它满足了传统图书馆功能发挥的基本要求以及当时的技术条件和读者需求的特点，在图书馆的发展建设以及功能的发挥中起到了重要的不可低估的作用，即使是在新的技术环境下，仍然起着一定的作用。

传统图书馆业务工作的组织管理主要以手工操作为基础，以经验管理为主要思维方式。在业务机构设置方面的特点是按业务流程分设采访、编目、典藏、流通、阅览等工作部门，并按图书、期刊、非书资料等不同载体，重复设置以上各工作部门或岗位，即所谓图书、期刊、非书资料的三条龙管理模式；随着现代化建设的要求，则增设技术部；同时高校图书馆为了实现图书、情报一体化服务，一般又增设有情报部。这一模式对图书馆的内部管理而言，确有许多方便之处。首先是各部门单纯面对一种载体、一个工种，文献保存方便，管理也方便。其次是一个部门的工作就是图书馆工作的一到两个工序，工作单纯，便于组织。再次是工作岗位固定后，工作人员守着一个岗位，一种工作，能很快进入情况，凭经验就可完成工作。

现代社会对图书馆需求的变化，要求图书馆的工作不仅仅是满足内部工作管理的方便，更要求注重服务的水平和质量，要求服务工作的创新，即要求管理工作的思维模式必须是“以读者为中心”。以此为标准考察传统图书馆的机构设置模式，不难发现其弊端：首先，工作重复较多，工作互相割裂，同是采编，同是流通阅览，却要设立多个分散在不同部门的岗位来完成，而互相之间又缺乏联系，在人、财、物的使用上都存在较大的浪费。其次，实行的是层次管理方式，管理的中间环节多，工作易脱节。再次，文献资源分散在不同部门，加上互相之间缺少联系，给读者带来的是，一个专题的文献要通过几个不同的检索渠道才能查到，如果索取原文，必须跑几个不同的部门，读者极不方便，同时也难以发挥文献资源的综合效益。最后，工作人员工作无新意，容易产生厌倦情绪；工作人员由于长期在一个岗位上工作，潜在能力不能得到发挥，也不符合现代人才一专多能的使用原则。

2.2 图书馆业务机构重组的趋势

随着现代信息技术的应用,图书馆传统的组织管理模式逐渐暴露出种种不适应。一些发展较快、现代化水平较高的图书馆,尤其是一些大学图书馆,率先开始了业务工作的重组改革,而切入点首选为业务机构的重组。通过业务机构的重组,实施工作流程、业务岗位、专业人员、文献资源及其他物力、财力资源的合理设置和配备。

进行业务机构的重组,重点是突破经验管理的束缚,实现科学化管理。国内外图书馆业务机构重组的发展趋势是,"'以读者为中心'、按'功能'来重组其组织机构……组织由层叠式向扁平式发展"[8]。这里最关键的一点是按功能来重组业务机构,同时组织结构趋于简单化的扁平式。

社会赋予图书馆的基本功能是收集、整理、保存、传递文献信息资源,在现代技术环境下,这些功能仍然是最基本的功能。所不同的是,由于技术环境和社会需求的变化,图书馆的功能得到了进一步扩展,其表现将更为强大,内容将更加丰富。要使图书馆功能在现代技术环境下得以充分发挥,按功能设置业务工作机构应当是最合理、最科学的。按功能重组业务机构,其一,可避免按业务流程或文献载体设置业务机构的弊端,避免机构的重叠,减少管理层次,使管理简单化,实现向扁平化的转变;其二,有利于各部门围绕各自的功能扩展工作内容,同时还可避免业务机构之间因任务不明确而产生的工作交叉重复或工作互相推诿的情况,提高工作效率;其三,有利于实现资源的合理配置和合理使用,进行集成化管理和集成化服务,提高综合效益;其四,可使各业务机构的功能专门化,有利于工作的深入,也可避免传统图书馆以文献类型设置机构而产生的读者使用的不方便;其五,有利于系统化管理,对工作进行统一调控。

目前,我国大多数图书馆在技术装备方面还不完全具备按功能来划分业务机构的条件,但是这应当是一个方向,我们可通过不断地改革创新和技术改造来逐步实现。

2.3 现阶段按图书馆功能进行业务机构重组的模式

根据图书馆功能的要求以及目前我国大多数图书馆的技术状况，可将业务机构设置为：文献资源建设部、文献资源服务部、信息资源服务部、现代技术开发部和读者工作部。

文献资源建设部：基本功能是文献资源的收集和整理，从一定意义上可理解为传统的采编部，但工作内容须扩展和深化。该部门应当是整个图书馆文献资源建设配置的中心，应根据本馆服务对象、所承担的任务以及读者需求和文献采集源的状况，制定本馆文献采集的原则、方略以及文献组织的方式等。在文献收集方面，必须考虑多渠道采集，担负起主动访求搜集文献的任务，包括开展国内外文献资源的交换、捐赠业务；同时应考虑多载体统筹收集，包括图书、报纸、期刊、光盘、磁盘等，一方面可通过统筹使不同载体的文献在内容上进行协调，另一方面可兼顾全馆文献资源建设经费的合理使用。在文献整理方面，除传统的分类、编目外，馆藏各种载体文献的整理工作都应在该部门完成。该部门工作的最重要目的之一是建立馆藏文献资源体系以及检索体系，这个体系应当是将不同载体的文献内容信息通过一定的技术手段链接为一个有机的整体。这个部门必须具备为保存和传递文献信息做好一切基础工作、提供一切方便的思想。

文献资源服务部：基本功能是文献资源的保存和传递，一定意义上可理解为传统的典藏流通部。但这是一个对各种载体的实体文献进行保存和服务的综合部门，目的是通过先进的技术提供多元一体的服务。在具体操作中，文献的典藏和服务可分不同的区域和不同的方式，但提供的内容应当是全方位的和集成化的。文献资源的服务应当是分层次的：初级层次是图书馆传统的文献借阅服务，高级层次是提供特定需要的专题文献服务。初级层次可按传统方式，分不同文种、不同载体、不同区域分别开展服务（声像服务、文献复制工作都应纳入该范畴）。高级层次应以对文献的深入了解为基础，进行馆藏文献的咨询服务和整体检索服务，文献资源建设部提供的深层整理并经过链接的文献检索体系可作为开展高层服务的条件之一。随着技术条件的日臻完善,基础工作的进一步深化,读者自主服务的意识和能力进一步加强,该部门的工作将主要是通过 Web 页为读者提供咨询和引导服务。

信息资源服务部:这是图书馆在原来实行图书情报一体化的基础上,经过现代技术环境下功能扩充后产生的新部门。其工作内容除原有的情报服务、咨询服务、查新服务、二/三次文献的编制等工作外,还包括专题文献数据库建设,数字信息资源的开发建设,网络信息资源的开发整理,数字信息资源和网络信息资源的检索、导航服务等;这个部门还应当成为图书馆对外进行信息交流服务的窗口,图书馆主页制作、虚拟资源的共建、共享,网上开展的馆际互借、信息交流、资源交换工作。

文献资源服务部和信息资源服务部是图书馆的服务窗口,图书馆的服务水平、服务质量、综合效益及工作效率都最终由这两个部门体现。这两个部门的最大区别在于前者提供文献实体服务,后者提供数字信息资源服务和网络信息资源服务;前者以馆藏资源为服务的基础,后者则以虚拟资源为服务的基础。

现代技术开发部:该部门是为其他各业务部门实现基本功能提供现代技术保障的部门。工作任务是对全馆应用现代化技术进行策划,根据业务需求不断开发完善系统的新功能,组织对新技术应用的试运行和运行,保障全馆自动化管理系统正常运行,负责全馆现代化设备的调配、增补、维修、维护等。

读者工作部:该部门是为实现图书馆基本功能进行读者管理和读者培训的部门。主要任务有:读者证件办理、读者事务处理、读者意见处理、读者问题解答、用户培训的组织管理、业务宣传报道等。

为了以上各业务部门工作能顺利开展,图书馆必须设立办公室,以提供完备的后勤保障。办公室重点应当根据馆内业务和行政管理的要求开展总体管理的一系列具体工作,其中与业务有关的馆员的管理、馆员的培训组织工作以及对外交流工作由该部门承担。

除以上各业务部门外，各图书馆还应当围绕特定项目或专门任务设置临时工作组，完成临时工作任务。

3 图书馆业务机构重组后的管理

实现业务机构的重组后，如何进行管理是关键。以下拟从组织结构、岗位设置、人员配备、资源管理、服务模式等方面谈几点想法。

3.1 组织结构的扁平化

组织结构的扁平化实际上就是减少组织的层次，减少文献信息在传递过程中的滞留和干扰[9]。这是为了提高图书馆综合效益和工作效率的重要方式，也是图书馆管理体制发展的重要趋势。根据这一思路，在对以上重组后的各部门进行管理时，应明确：所有的部门之间都是平行关系，统一由馆长全面负责，副馆长分工管理。副馆长的分工也应按业务功能，如分别管理资源建设、文献保存、读者服务、现代化技术、行政事务等。按业务功能分管图书馆工作可使副馆长的管理更具专门化，因而也更能有效地实施管理。

3.2 岗位设置的灵活性

业务机构重组后，各部门内部必须根据功能要求重新组织业务工作，而业务岗位的设置是重组工作的必备条件。按功能重组的业务机构，其工作岗位不再是工作流程的某一环节，而是整体功能的某一部分。每一个岗位可以同时承担相关联的多项工作，如读者服务岗位，可同时承担参考咨询、文献检索、用户培训等工作；岗位与岗位之间可以互相交叉，如需进行专门问题的研究则可不受岗位限制。岗位设置的灵活性更有利于整体的配合。

3.3 人员技能多样化及学科服务专门化

由于岗位设置的灵活性，人员的工作内容是多样化的，可形成一人多岗或多人一岗的工作机制,因而工作人员就打破了过去只有单一工作技能的状况。这样做不仅可扩充和提高馆员的知识和技能,提高馆员工作的积极性,十分有利于青年馆员的成长,而且由于岗位的交叉,还可增进互相了解,加强整体配合。对于馆员来说,除了具备多项技能以外,还应当注重一定的学科背景,以学科专长解决专门的咨询问题,即学科服务专门化。图书馆应注意设立学科馆员制度,国外图书馆设立学科馆员制度极普遍,我国一些图书馆也正在尝试这样的方式。各图书馆都应当注重建立人员技能多样化和学科服务专门化相结合的运行机制和管理制度,以保证服务的质量和水平。

3.4 资源管理的集成化

资源的集成化管理重点是文献资源的集成化管理。这里讲求的是用先进的技术手段将各种载体的文献资源合理的整合为一个可统一调控的有机整体,可通过计算机或网络系统方便的检索、索取和利用,为开展"以读者为中心"的服务奠定基础。业务机构按功能进行重组管理后,为图书馆资源的集成化管理创造了前提条件,进一步利用先进的技术手段对图书馆资源进行整合,则是机构重组后的重要工作内容。

3.5 服务模式的一体化[10]

服务模式的一体化是目前国外许多图书馆普遍追求的一种模式,这一模式"大多集咨询功能、信息检索功能和文献提供功能于一体,用户只需坐在自己的计算机终端前,敲敲键盘,就可以直接下载或通过在线订购获得自己所需要的期刊文献或其他文献"[11]。服务模式一体化的基础是先进的信息技术手段和文献资源的集成化管理,其服务理念是追求全品质服务,与我们以上论述的业务工作的重组理念和管理同出一辙。当业务机构的重组改革完成后,就应当逐步考虑一体化服务的问题。

在现代化环境下进行业务工作的重组,离不开对现代技术的深入了解，也离不开对图书馆功能与运行规律的深入了解，国内外图书馆有许多经验值得借鉴。同时，我们还要不断研究变化了的新情况，研究国内外图书馆管理的新思想和发展趋势，不断推进管理工作的改革，以获得图书馆业务工作的长足进步。

参考文献

1,7,9 缪园. 大学图书馆重组的目标及其实现//"新千年的大学图书馆——功能、发展趋势与国际合作"国际学术研讨会论文集. 昆明：云南大学出版社，2002

2,10 杨勇. 试论转型期高校图书馆的多元一体化服务. 大学图书馆学报，1999，17(4)

3,6 吴建中. 21世纪图书馆展望——访谈录. 上海：上海科学技术出版社，1996

4 李华伟. 现代化图书馆管理. 台北：三民书局，1996

5,11 承欢，林佳. 谈谈图书馆转型期的期刊服务工作. 大学图书馆学报，1998，16(3)

8 朱强. 新世纪的大学图书馆：变革创新，应对挑战. 津图学刊，2001(2)

原载于《高校图书馆改革与发展》，云南大学出版社，2002年4月

基层图书馆信息资源保障及建设方略探析

1 问题的提出和讨论的意义

信息资源建设是根据社会和用户需求，结合信息机构的性质、目标、任务和用户需求，利用先进的信息技术手段，有计划地、系统地规划、选择、收集、组织、管理各种信息资源，建立具有特定功能的信息资源体系的整个过程和全部活动[1]。对于图书馆而言，信息资源是赖以生存发展以及开展服务的首要物质基础，因而信息资源建设是图书馆最基本最重要的业务活动之一。现代意义的信息资源建设实质是建立功能完善的信息资源保障体系。就一般意义而言，信息资源保障通常指一个国家、一个地区、一个机构提供信息资源，满足社会及个人对信息资源的需求的能力，以及信息资源对人类各种社会活动的支持能力[2]。在图书馆信息资源建设活动中，信息资源的保障问题始终伴随着我们，我们所开展的一系列信息资源建设活动都与最终实现信息资源的保障分不开。20 世纪 90 年代以来，信息高速公路的建设以及信息技术在图书馆界广泛深入地应用，在我国形成了一系列大型信息资源建设平台和保障系统，从国家层面上体现了信息资源建设与保障的成就。但这些系统基本依托于大型或较大型图书馆，即所谓的中心或分中心图书馆。基层图书馆如何参与其中，并根据用户需要在国家信息资源保障体系建设的平台上最大限度地实现本馆的信息资源保障，成为实际应用中并没有很好解决的问题。国内外图书馆学界对于信息资源及保障体系建设问题进行了许多有益的探讨，取得了大量研究成果，为图书馆的信息资源建设实践提供了许多指导和参考。然而，对网络环境下基层图书馆应当采取何种建设方略，解决本馆实际存在的信息资源保障能力不足的问题，还缺乏有力的指导。

众所周知，信息资源保障体系建设是分层次和等级的。国家层面的信息资源保障和共享体系工程建设，主要以国家为主体、依托大型的中心图书馆进行建设，一方面要提供战略性思考，宏观考虑信息资源的系统化、整体化发展规划、战略布局、体系结构以及资源的优化配置等问题；另一方面也要投入大量资金、设备、技术力量等进行信息化、网络化及一系列信息基础平台的建设，为整个国家提高信息资源的整体保障能力提供保证，也为基层图书馆的信息资源建设提供相应的平台和实际的引导。在国家层面的建设中，各中心图书馆及分中心图书馆一方面要直接参与到国家信息资源保障体系建设中去，另一方面也要组织好本地区、本系统的基层图书馆的信息资源建设。由于有国家层面的支持，各中心及分中心图书馆在资源建设方面的发展速度和资源保障能力明显高于基层图书馆。基层图书馆的信息资源建设是国家信息资源保障体系建设的重要组成部分，在网络环境下，基层图书馆的信息资源建设不能不从整体性方面思考如何进入整个国家的整体化、系统化信息资源体系的问题。但也很显然，在实际建设过程中，基层图书馆建设的主体是非国家层面的，其信息资源建设大量是依靠地方或系统内部支持，进行自主建设，需要更多自身的努力，也具有更多自身建设的特点。在我国经济、社会、技术等发展不平衡状态下，必然导致各基层图书馆在进入国家整体建设上的差距。因而，讨论在国家信息资源保障体系建设的基础上，如何进行基层图书馆信息资源的建设，确定自身的发展建设方略，便有了积极的意义。

2 基层图书馆信息资源保障体系建设的有利条件及发展机遇

2.1 信息资源建设受到国家和政府的高度重视

信息资源是国家和社会的重要战略资源，是国家创新体系建设的重要保障。信息资源开发利用是国家信息化发展战略的重要组成部分。任何国家都很明确这一点，在国家和政府层面上，对信息资源建设给予了大力支持和扶持，如相关政策、法规和标准的制定，资金的投入，信息基础设施的建设，网络环境的形成等。我国从20世纪80年代开始重视信息资源的开发、建设和利用。邓小平同志1984年9月为《经济参考报》创刊题词"开发信息资源，服务四化建设"，促进了我国信息业的快速发展；江泽民同志也曾于90年代初指出："四个现代化，哪一个也离不开信息化。"[3]90年代初，中央还明确提出信息资源是信息业发展的基础性资源，应当将信息资源推向更广阔市场，使其真正得到有效开发和利用。1997年，中央召开了全国信息化工作会议；党的十五届五中全会把信息化提到了国家战略的高度；党的十六届五中全会进一步做出了以信息化带动工业化、以工业化促进信息化、走新型工业化道路的战略部署[4]。"十五"期间，国家信息化领导小组对信息化发展重点进行了全面部署，2002年10月，国家信息化领导小组公布了《国民经济和社会发展第十个五年计划信息化重点规划》，指出信息资源是信息化建设的核心。2006年，公布了《2006－2020年国家信息化发展战略》，更进一步对我国信息资源的建设、开发、利用进行了全面部署。国家对信息资源建设的重视，为各级各类图书馆的发展提供了重要政策保证，也是基层图书馆进行信息资源建设的重要依据。基层图书馆的信息资源建设，是整个国家信息资源建设的重要组成部分，如果基层图书馆的信息资源建设过于薄弱，将不能形成完整的国家信息资源体系，势必影响整个国家的信息化。

2.2 全国性信息基础设施平台及信息网络建设成就巨大

在国家和政府的大力扶持下,“八五”期间,我国电子、通讯、广电等行业获得飞速发展。1994 年 4 月,Internet 正式进入中国,中科院计算机网络中心与亚太网络信息中心(APNIC)连接,正式在 Internet 注册,建立了代表中国的域名(CN)服务,并相继建立了中国科技网(CSTNET)、中国教育科研网(CERNET)、中国金桥网(CHINAGBN)、中国公用计算机互联网(CHINANET)等四大网络以及后来的一系列“金”字号工程网络。目前,我国信息网络建设已实现跨越式发展,成为支撑经济社会发展重要的基础设施。电话用户、网络规模已经位居世界第一,互联网用户和宽带接入用户均位居世界第二,广播电视网络基本覆盖了全国的行政村。国家信息主干网络的建设和形成加快了我国信息资源建设步伐,为各馆参与到信息资源的整体化建设中提供了基本的技术环境。各馆利用这些信息基础设施和信息网络可以较快实现本馆信息资源保障体系建设的目标。

2.3 信息资源保障及共享体系建设形成规模

网络环境下,信息资源建设更加受到图书馆业界和学界的关注,成为图书馆学研究的重点和热点问题。信息技术、网络技术和数字化技术的日臻成熟,为信息资源在网络共享环境下的保障体系建设提供了强有力的技术支持。在国家支持下建设的中国高等教育文献保障系统(China Academic Library & Information System,CALIS)、中国科学院国家科学数字图书馆(Chinese National Science Digital Library,CSDL)、中国数字图书馆(Digital Library of China,CDL)、中国国家数字图书馆(National Digital Library of China,CNDL)、中国高校人文社会科学文献中心(China Academic Humanities and Social Sciences Library,CASHL)、国家科技图书文献中心(National Science and Technology Library,NSTL)等一系列信息资源保障及共享体系建设已形成规模,信息资源建设、开发和利用取得重要进展，并且在提供信息资源，为社会和用户提供共享服务，为人们的各项活动提供支持等方面显示出一定的功能，发挥着重要的作用。规模宏大的信息资源保障及共享体系建设，为各种不同类型和不同层次的图书馆更加广泛地开发利用信息资源提供了便利。

2.4 信息资源共建共享已形成共识

国家信息基础设施、信息网络环境、信息保障体系建设，使图书馆主管部门及各级各类图书馆在信息资源建设方面从理念到方略都在发生着重要的变革。各馆更加注重信息网络建设、数据库建设；更加注重信息处理技术、信息存储技术、信息检索技术、信息传递技术的应用。在信息资源保障建设方面也更加关注共同建设、特色建设、协调发展和资源共享。共建共享思想的形成和实施，使各基层图书馆可以较快地从“大而全，小而全”的传统资源建设怪圈中走出，实现信息资源建设方略的新跨越。

2.5 信息资源及其来源渠道的多样性提供了资源选择的灵活性和多样化

随着计算机技术、通信技术、微电子技术以及网络技术的迅速发展，信息记录、生产、组织、存储、传递和利用的方式发生了极大的改变，从而形成了信息资源的多样性特点，也形成了全新的图书馆业务工作环境。各馆可以根据本馆现有的资源利用条件对信息资源进行灵活多样的采集。经济实力较强、技术平台较好的馆可多考虑网络资源、数据库资源、共享资源的建设和利用；经济力量较为薄弱、技术力量有限的馆可多考虑传统信息资源，并积极争取条件，利用更多的新型信息资源。同时各馆也可根据自身的特点选择不同的信息资源采集渠道，以获取更为有效的资源。

我国信息化建设取得的重要成果，给基层图书馆进行信息资源建设提供了一定的保障和发展机遇。许多基层图书馆抓住了机遇，使本馆获得了较快、较好和较高起点的发展。如我省许多基层公共图书馆和文化站点抓住了全国文化共享工程建设的机遇，在信息基础设施建设方面有了一定的改善，就是很好的实例。据云南文化信息资源网2007年7月公布的数据显示，目前我省已在各级公共图书馆和文化站建立全国文化共享工程云南省分中心1个，地（市）级分中心15个，县（区）级分中心及站点66个，乡镇级站点72个，村级站点42个，还有2个社区站点和1个学校站点，共199个分中心及基层站点[5]。且不讨论这些分中心和站点的运行使用状况如何，但这一工程无疑为我省各级公共图书馆和文化站的发展提供了一定的信息基础设施建设条件，必将促进我省基层图书馆信息资源建设和保障体系的发展。同样在高校系统、科研系统，伴随着国家级信息资源共享平台的建设，许多基层图书馆纷纷进入本系统的共建共享工程，从而提升了信息资源的保障能力。

3 基层图书馆信息资源建设与保障面临的主要问题

对于基层图书馆而言，信息资源建设面临的问题是多方面的，有的来自于外部，有的则来自于自身。认真分析存在的主要问题将有助于确定我们的建设方略。

3.1 信息资源建设整体发展不平衡

信息资源保障体系建设的重要目的是要保障社会公众平等获取信息的权利，实现信息公平，从而消除信息鸿沟，缩小因获取信息的不公平而带来的贫富差距，实现社会的和谐。但我国不同地区经济社会发展水平极不平衡，各级主管部门对于信息资源建设的认识以及对图书馆的支持力度存在较大差异，各馆的经济实力、技术力量悬殊较大，各馆获取信息的能力也有很大差距。一部分馆有机会获得更多的信息资源,成为信息富豪,信息资源的保障能力较强,能为用户提供更多、更好的信息服务;另一部分馆则无力或无法获取所需的信息资源,出现事实上的信息贫困,无力为用户提供满意的信息服务,信息鸿沟有进一步扩大的趋势。对于经济能力有限、信息基础设施建设较弱的图书馆而言,自身信息资源建设的能力及拥有的资源有限,参与到信息资源保障体系建设中的能力较弱,因而获取信息资源共享体系中的资源也就更加有限。资金不足以及政策支持力度有限,始终是制约基层图书馆发展的瓶颈,最终导致基层图书馆对信息资源保障及共建共享体系建设的兴趣减弱,出现严重的马太效应。

3.2 信息资源建设体系的协调能力较弱

信息资源建设的目的是实现社会整体的信息保障功能。但我国目前信息资源整体保障功能还有限,长期以来条块分割的管理体制,使得信息资源建设的协调能力较弱,各自为政的现象仍然严重。尤其是处于不同系统管辖下的基层图书馆,即便处于同一地区,在信息资源建设的协调共享方面仍然存在较大难度。许多图书馆不得不依靠自身的能力来弥补这些缺陷,资源建设上存在的严重重复建设现象便是一例。比如,同一个数据库在同一地区,你有、我有、他也有,典型的例子是人们普遍使用的几个学术期刊全文数据库重复建设严重,是人所共知的。由于信息资源建设体系的整体保障功能有限,协调能力较弱,许多基层图书馆固守着"用别人的不如用自己的方便"的思想,在信息加工方面也出现重复现象,不少图书馆在对别人已加工过的相同内容的馆藏进行数字化加工,制作数据库。且不说促使这一做法的其他因素是否有意义,仅重复建设所造成的人力、财力、物力的浪费以及建设质量和功能发挥就是很严重的问题,更何况重复建设带来的信息资源整体建设数量不足和质量不高的问题将会越来越突出。

以上两点形成了明显的反差,一方面是信息资源紧缺,不能保障需求;另一方面又重复建设,造成资源的浪费。如何协调好各馆信息资源的整体化建设是一个重要的问题。

3.3 缺乏较为明确的信息资源建设思想

部分基层图书馆鉴于资金、技术等因素的制约，对于本身如何发展信息资源并没有认真的思考和明确的定位，缺乏全面长远规划，既缺少战略发展的眼光，也缺少具体建设的方略，资金充足时多考虑点，资金不足时则不考虑，临时动议情况表现突出。对于社会信息资源、本馆已有信息资源以及本馆用户需求状况分析不足，不清楚本馆的特色、重点资源是什么，如何去发展本馆特色和重点；也不清楚本馆用户的基本需求，应当如何满足需求。不知道哪些信息资源是本馆应当“拥有”的，应当自己努力发展的；哪些信息资源是可以通过一定的方式从外部“获取”的，应当如何发展本馆信息基础设施，从外部“获取”信息。缺乏网络环境下信息资源共建共享的思考——基层图书馆往往较多考虑如何在信息资源共享体系中更多地享用，而较少考虑如何将自身的特色、重点信息资源融入信息资源整体化建设体系中去，获得双赢；加上信息基础设施较为薄弱造成的共享信息较为困难，无形中便更加减弱了加入到共享体系中去的积极性。

3.4 信息基础设施薄弱，网络信息资源利用能力有限

现代信息资源保障体系是在现代信息技术支撑下建立起来的，需要强有力的信息基础设施和技术支持。全国性的信息基础设施建设取得了重大成果，然而不是所有的基层图书馆都能享用。相当一部分基层图书馆，尤其是欠发达地区的基层图书馆在信息基础设施建设方面还较为薄弱，网络信息资源利用能力不足，难以满足信息资源保障的需求。长期以来，许多基层图书馆既无能力购买充足的传统书刊资源，也无能力利用现代新型信息资源和网络资源，处境非常艰难。在技术保障能力方面，许多地方基层图书馆也存在较大的差距，信息基础设施建设落后，先进技术应用能力有限，掌握先进技术的人才匮乏，

始终制约着基层图书馆的发展。

3.5 信息资源体系的服务保障功能不强

信息资源的保障最终是由服务保障所体现的,然而不少图书馆不大重视信息资源服务体系的建设,即便解决了以上各方面存在的问题,仍然不能体现信息资源的保障能力。我们看到,一方面各种信息充斥网上,另一方面所需要的信息资源却难以获取;一方面建成了信息资源保障平台,另一方面却不能充分利用,不能完全满足用户需要;一方面投入了大量人力、财力、物力,进行信息资源的建设,另一方面又不能充分体现信息资源的价值,信息资源建设的效益也不能充分发挥。任何一个现代图书馆,如果不能体现其服务保障的功能,对社会及用户不能提供帮助,那么,其存在的价值就会大打折扣,公众及政府的支持度也会下降,继续发展的困难将会更大。

基层图书馆的发展有很多困难,信息资源建设存在很多问题,但是不能因为困难就不发展,也不能因为制约因素较多就不正视自身存在的问题。如何在困境中求生存、求发展,仍然是基层图书馆应当正视的问题。

4 基于信息资源保障体系建设的基层图书馆信息资源建设方略

信息资源保障体系是一个综合性实体系统,包括信息资源的管理系统、信息资源的组织存储系统、信息资源的检索系统和信息资源的服务系统等,需要通过不断地建设加以完善。现代信息技术环境下,宏观层面上的信息资源保障体系的建设应以层次结构科学、空间布局合理的信息资源系统为基础,以现代信息技术为手段,以信息基础设施为平台,以信息资源的共享为社会目标,使有限的信息资源能够最大限度地满足社会需求,实现充分开发和高效利用的目标。基于信息资源保障体系的整体化建设思路和目标，基层图书馆又如何从实际出发，思考自身发展的目标和建设方略，并不是一件容易的工作。本文拟从以下几个方面提出一些思考的意见，以供参考。

4.1 重视现代信息资源建设理论对基层图书馆信息资源建设的指导作用

图书馆的现代信息资源建设理论形成于20世纪末，是顺应现代信息社会发展的要求提出的，是更高层次的图书馆资源建设理论和实践形态，适应了信息新环境的需要。尽管这一理论有待进一步完善和发展，但我们已经看到，现代信息资源建设理论对于传统的藏书建设理论、文献资源建设理论已有了许多新的发展和重要突破，同时成为现代信息资源建设的指导思想。现代信息资源建设理论包含了深刻的整体观、资源观、开放观、共享观、特色观、服务观等各种现代信息社会的新观念；在建设实践中也更加注重资源的有效开发和利用，更加注重整体建设和共建共享，更加注重特色建设和资源质量，更加注重在建设过程中应用现代信息技术形成信息资源的保障体系。这一理论不仅对国家层面的信息资源建设有着重要的指导作用，同样对于基层图书馆的信息资源建设也有着重要的指导意义。准确把握现代信息资源建设理论对实践的指导意义是准确把握国家信息资源建设的重要前提。

在现代信息资源建设理论的指导下，基层图书馆首先应当关注国家层面信息资源建设的基本情况和发展趋势，将自身建设与国家信息资源建设的战略发展联系起来进行思考，在国家信息资源的系统化、整体化、共享性建设中找准自身的位置。其次，站在现代信息资源建设的理论高度，充分分析本馆信息资源建设的现状：本馆所处的地域环境、行政环境、信息环境，本馆已拥有和准备发展的特色馆藏和重点馆藏；本馆及本地区、本系统信息基础设施状况和网络状况；可从本馆以外获取和利用信息的可能性及数量、质量、适应性等。再次，在现代信息资源建设整体观、资源观、共享观、特色观、服务观等新观念的指导下,确立本馆信息资源建设的总体思路、发展目标和建设方略,明确作为一个基层图书馆如何利用国家层面的信息资源建设平台,构建自身的信息资源体系,实现自身的信息资源保障功能。再次,根据现代信息资源建设理论的要求以及整体化、系统化、特色化发展的要求,构建功能完善的信息资源保障体系,包括各类信息资源的选择与采集、网络信息资源的开发利用、信息资源的组织管理能力建设、信息服务体系建设、信息基础设施和网络环境的建设等。

4.2 确定本馆信息资源建设的基本原则,形成本馆信息资源建设的基本思路

现代信息资源建设理论告诉我们,信息资源建设是一个系统化、整体化工程,系统工程的建设必须有科学的思想指导、合理的建设规划和整体的建设思路,当我们明确了现代信息资源建设的基本理论和基本观念之后,确定本馆信息资源建设思路则显得非常重要。

在对本馆所处地位、环境及内部状况全面把握的基础上,首先应当考虑的是本馆信息资源建设的基本原则是什么。毫无疑问,现代图书馆信息资源建设的基本原则必须是在现代信息资源建设理论指导下,根据国家信息资源建设的整体化、系统化建设要求和布局,以信息资源的保障体系建设以及满足读者需要为目标,结合自身实际而确定的,应当体现现代信息资源建设的新观念和新技术。其具体的原则应当包括:整体规划建设,提高保障能力;应用先进手段,整合信息资源;保障基本馆藏,发展特色馆藏;完善管理机制,提升服务功能;强化网络环境,协调共建共享等内容。各馆虽然情况不同,但原则应当是一致的。在这些原则的指导下,各馆还应当根据自身实际形成本馆信息资源建设的基本思路,如本馆信息资源建设的基本指导思想应当如何确立,怎样参与国家整体化建设,怎样提高信息资源保障能力,怎样应用现代信息技术,怎样整合信息资源,怎样发展本馆馆藏,怎样体现本馆特色,怎样提升服务能力,怎样获取馆外信息资源,怎样进行基础设施和网络平台建设,怎样进行信息资源系统化管理,怎样实现信息资

源的共建共享等。

4.3 做好本馆信息资源发展建设规划,设计本馆的信息资源体系

图书馆的信息资源建设是图书馆发展的基础,应当尽量增强科学性,减少盲目性,为此,做好本馆信息资源建设规划至关重要。一个好的规划应当以先进的理论为指导,站在长远发展的高度,具有明确的发展思路。基层图书馆信息资源建设规划应当以现代信息资源建设理论为指导,依托社会信息化、整体化发展建设平台,符合国家整体建设的基本要求,最终达到满足用户需求、保障信息供给的目的。基层图书馆的信息资源建设规划,其一,应当全面体现本馆发展建设的基本思路,建设的总体目标和具体目标,本馆在信息资源建设发展的大环境下的建设任务。其二,应当规划好本馆信息资源的体系结构,如内容结构、载体结构、加工层次结构、类型结构、质量结构、数量结构、特色和重点资源的比重等。其三,应当规划好本馆信息基础设施和网络环境的构建方法。其四,还应当结合实际制订出切实可行的实施方案,对财力、物力、人力的投入进行规划,对组织管理进行策划。在规划中,核心问题是设计本馆的信息资源建设体系,包括:①各类信息资源的选择与采集:印刷型文献、电子出版物、网络数据库的选择与采集,特色馆藏、重点馆藏的建设,馆藏资源数字化与数据库建设等。②网络信息资源的开发利用:网上信息资源、网上数字化信息资源的馆藏化;馆外可获取信息资源的基本平台建设等。③信息资源的组织管理能力建设:对馆藏信息资源的整序、加工、存储、保护以及数字化处理,对传统文献资源、网络资源、数字化信息资源的整合,形成相对完备的馆藏信息资源目录体系、存储系统和检索系统、导航系统等。④信息服务体系建设:完善服务机构和机制,形成覆盖面广、利用方便快捷的网络查询系统,疏通信息资源传递系统,建立快速高效的电子文献传递系统等。⑤信息基础设施和网络环境的建设:在现代信息技术的支撑下,逐步完善信息资源管理的硬件平台、软件平台和网络平台,实现信息管理的现代化、网络化、自动化和数字化,逐步实现全面

的信息资源共建共享。

4.4 积极参与信息资源共建共享,正确处理好各种关系

现代图书馆信息资源建设的基本理念就是实现信息资源的共建共享,在新的信息环境下,只有走协调发展、共建共享之路,才能真正保障信息资源满足社会和用户的需求。我们前面提到的我国已建成使用的几个大型信息资源保障和共享系统在为各级各类图书馆提供开放服务的同时,也同时吸纳各种不同类型的图书馆参与共建,以形成更大规模的共享,使信息资源保障和共享系统发挥更大的作用。在这样一个环境下,有能力的基层图书馆可根据自身的条件参加许多工作,为共享信息资源创造条件。如提供馆藏信息资源目录,参与大型数据库建设,为大型数据库的建设提供特色资源,自建特色资源数据库加入到共享体系中,为信息资源保障体系贡献一分力量。也可积极参加地区和系统的集团采购,既为信息利用提供了保障,也可缓解资金不足的压力。

现代信息资源建设是一个复杂的系统工程,尤其是信息资源的共建共享保障体系,需要协调各方利益,正确处理好各种关系。对于基层图书馆而言,其一,要处理好整体建设与个体建设的关系,宏观建设与微观发展的关系,以及共建与自建的关系。基层图书馆必须更新观念,努力使本馆的信息资源建设纳入到更高层面、更大范围的信息资源的整体化建设中,在宏观建设思想的指导下建设本馆的信息资源系统。要树立个体建设是整体建设的重要基础,微观发展是宏观建设的重要组成部分,自建信息资源体系与共建体系紧密相连的基本思想,并在这一思想指导下,切实形成自身发展的基本思路。其二,要处理好建设成本和使用效益的关系,信息资源建设数量与质量的关系,数据库购买与自建的关系,网络资源获取与拥有的关系,资源保障体系的享用与贡献的关系。基层图书馆应当根据自己的实际能力搞好信息资源建设工作,用较小的投入实现较大的社会效益和经济效益。因而必须对本馆信息资源建设资金以及数量、质量精打细算,能够合理

共享的信息资源尽量以共享方式解决，能够从网络上获取的资源尽量不考虑自身拥有的问题，从而减少购买和拥有带来的资金压力。反之对于本馆的特色资源、重点资源，不但要保证数量、质量，也应当保证形成体系。一方面可体现馆藏的特色质量，另一方面也能为整体信息资源建设贡献自己的一分力量，使本馆在国家信息资源建设体系中保持一定的地位，在为整个社会的信息资源建设做出贡献的同时也为共享信息资源创造条件。其三，还应当处理好能力建设与资源建设的关系，信息基础平台建设与资源建设的关系。许多图书馆拥有较好的信息资源建设基础，但却不大注重信息保障能力和服务能力的建设。应当明确现代信息资源建设的最终目的是最大限度地为社会及用户提供信息资源的保障服务，而不是为建设而建设，为此加强和完善信息基础设施的保障能力及信息服务保障能力建设不可忽视。在这方面应当着力建设好信息基础设施，以保障信息资源的采集和组织能力、信息资源存储检索能力、数字化信息的处理能力、网络信息资源的获取能力和传递能力，最终体现信息资源服务保障能力。

5 结束语

本文重点讨论了在国家信息资源共享及保障体系建设的推动下，基层图书馆信息资源建设的问题。在讨论中，我们较多关注了基层图书馆应当如何去做的问题，但实际的信息资源建设目标并不是简单地依靠图书馆自身的努力就可实现，也不仅仅是解决了以上问题就能够达到最终目标。在这一复杂的系统工程中，还有许多思想观念层面、经费层面、政策层面、管理层面、技术层面、操作层面等方面的问题需要进一步解决。基层图书馆在这些层面上解决问题的能力受到各方面条件制约，实际存在极大的困难，但这并不意味着基层图书馆在这些问题上是无能为力的。基层图书馆应当注意依托国家信息化建设的大好机遇，通过大量的实际工作，赢得社会、公众以及主管部门的认同，争取更多的支持，在信息资源建设中发挥应有的作用。基层图书馆也应当更加注重思想观念的转变，注重利用联合共建的机制，在图书馆界的共同努力下，实现整个社会的信息资源的保障。

在我国，基层图书馆的面很广，层次等级较多，隶属关系及类型较为复杂，发展建设的模式也不尽相同，应当对不同类型的基层图书馆进行分类研究，使理论指导的针对性更强。本文从普遍情况出发开展讨论，只能从原则方面做一些探讨，以期为各种类型的基层图书馆提供一些可资参考的意见，并望得到同行及专家们指正。

参考文献

1 程焕文，潘燕桃. 信息资源共享. 北京：高等教育出版社，2004

2 肖自力. 关于文献信息资源建设的思考. 图书馆杂志，2000(7)

3 黄解明等. 现代信息资源建设导论. 武汉：湖北人民出版社，2004

4 中共中央办公厅、国务院办公厅. 2006－2020年国家信息化发展战略，2006

5 http://www.ndcnc.yulib.cn

原载于《云南图书馆》，2007年第4期

校、院、系分级管理与文献资源的布局配置

实行校、院、系分级管理，无疑将涉及学校工作的方方面面。就文献信息工作而言，则提出了一个如何适应改革，正确布局和合理配置文献资源的问题。本文想就此问题谈点粗浅看法，以备参考。

一、高校文献资源布局配置的一般原则与结构模式

要考虑校、院、系分级管理体制下如何实现文献资源的正确布局和合理配置，首先应当对文献资源布局配置的一般原则与结构模式有所认识。

1. 一般原则

早在80年代中期，我国图书馆界就开展了文献资源布局与配置的大讨论，并对文献资源的布局、配置提出了许多原则，虽然时至今日，尚无统一结论，提法各不相同，内容有所增减，但其实质都离不开保障服务这一宗旨，保障服务可说是文献资源工作永恒的主题。根据这一主题，我认为，在文献资源布局与配置中应当遵循以下原则：①满足基本需求的原则。这一原则是文献布局、配置的最基本的第一原则，它是针对文献资源布局配置过程中文献数量与专业覆盖面提出的原则。②提高使用效益的原则。这一原则提出了在有限数量文献资

源条件下,如何合理布局配置的原则。③优势互补、资源共享的原则。这一原则是资源合理配置、避免重复建设的关键所在,是当今世界文献资源布局配置所共同遵守的原则。④方便实用的原则。无论什么原则,其最终目的都是为了保障服务。方便实用的原则正是基于此目的而提出的。⑤可持续发展的原则。

2. 结构模式

考察国内外高校文献资源布局配置的结构模式,无外乎有两大类。第一类是集中管理的模式,第二类是集中与分散相结合的模式。

集中管理模式。这种模式是指整个学校只设图书馆,由图书馆统管全校文献资源工作的结构。这种模式一般适合规模较小、学科相对较单一的院校。其优点是避免重复建设,节约经费、人力和物力。

集中与分散相结合的模式。这是目前我国高校普遍采用的模式。有的高校是采取以图书馆为主体,各院、系、所、中心分设资料室的结构;有的高校则采取了以图书馆为中心馆,各院设分馆,系设资料室的结构。这种结构模式的优点在于可调动各部门进行文献资源建设的积极性,形成各自特色,全校形成优势互补的文献资源建设体系;缺点则是分散,不易形成规模,并且难以避免重复建设。

二、云南大学文献资源布局配置现状

1. 结构模式

结构模式是文献资源布局配置的组织保障。目前,云南大学采取的是以图书馆为主体,各院、系、所、中心分设资料室的模式。1978 年,各系、所、中心资料室根据学校决定,曾一度连人带物全部归入图书馆,但其后不几年,系、所、中心又纷纷复建了资料室,新成立的四个学院还设立了院级资料室。现全校总计有院、系、所、中心资料室31个。资料室的复建与发展具有一定的合理性，而且事实也证明，大多数资料室确实在各单位的教学、科研工作中发挥了重要作用，与图书馆共同构成了云南大学文献信息工作网。

2. 文献资源量及分布

云南大学目前文献资源总量约为139万册(件)，其中图书馆有117万册(件)，是全校文献信息资源收藏的主体与中心；资料室约有22万册(件)，其中以成教院藏量最高，超过了3万册(件)，收藏量上万的资料室已达10个。

3. 文献来源及专业配置

图书馆的文献资源主要来自：①历史积累；②拨款购置；③捐赠、交换；其中拨款购置占绝对多数。由于图书馆在全校文献资料工作中所占的优势地位，其历史积累及接受捐赠、进行交换的相对数量远远高于各资料室，同时文献购置的数量、质量和品种也是各资料室无法比拟的。尤其大型书刊、外文书刊及非书资料的购置主要依靠图书馆。各资料室的文献资源主要来自：①学术交流；②各单位行政经费购置；③课题费购置；④调研所得。其中以前两项为主，而学术交流及调研所得则是各资料室收藏的特色，尽管数量上不占优势，却是图书馆无力竞争的。这类资料信息含量高，价值大，是各资料室的宝贵财富。

云南大学是一所综合性大学，涉及的学科范围较广，学科与学科、专业与专业之间各自独立，又相互交叉渗透。作为综合性大学的文献中心——图书馆，在文献的专业配置上，既要照顾到面，考虑文献的综合效益，又要照顾到点，考虑各专业、学科教学、科研工作的基本需求，同时还要保证重点学科、特色收藏及核心书刊的数量和质量，考虑以本科生为主体的各层次读者的不同需求，因此形成了综合性强，专业面广，种类多样，层次丰富，大型工具书、大部头著作、大型丛书、大型刊物相对齐全的文献收藏体系。院、系、所、中心资料室因本身所涉及的专业学科限制,形成了专业性强,专业文献相对集中,涉及面窄而专深,灰色文献相对量大,重点满足教学、科研人员需求的文献收藏特色。

4. 文献资源布局配置评价

评价文献资源布局配置的最直接标准是满足读者需求的程度,这无疑涉及文献资源的质和量。80 年代末期以来,由于文献价格猛涨,使文献收藏单位陷入了极端的困境。一方面是科技迅猛发展,文献生产总量急剧增加,文献更新周期缩短,文献需求量增加;另一方面则是文献购置费严重不足,文献购置的数量和质量都受到了严重影响,甚至是破坏性影响,文献的陈旧率无法扼制。作为学校文献收藏及服务中心的图书馆,已无力保证满足教学、科研及读者需求。在这种情况下复建并发展起来的资料室无疑起到了弥补图书馆不足的作用,与图书馆形成了互补。具体表现在:①经费互补;②种类互补;③内容互补等方面。同时由于图书馆与各资料室文献收藏体系的不同,而形成了不同的读者流,图书馆为广大师生,重点是学生提供着服务,资料室则吸引着广大的教师及科研人员。正因为图书馆与资料室存在着的互补关系,使得全校文献信息资源量达到了一个相对的平衡,满足了全校大多数读者的基本需求。

但是,我们也看到了云南大学文献资源如此布局配置的极大弊端,即:①机构过于分散,文献配置失调,造成重复建设和浪费;②资料室工作缺乏统一的规范与标准,不利于全校的联机检索和资源共享;③资料员兼职过多,影响服务质量。

面对云南大学文献资源布局和配置现状中存在的明显的互补优势与明显的分散劣势,应当如何进行改革,便成了当前进行校、院、系分级管理体制改革的重要任务之一。

三、云南大学校、院、系分级管理体制下文献资源布局配置的思考

经过对云南大学文献资源布局配置现状的了解，我们已经很清楚地看到了利弊。下面，将根据以上讨论过的原则及模式谈谈笔者对云南大学校、院、系分级管理体制下文献资源布局配置的一点思路。

1. 关于原则

云南大学文献资源布局配置存在明显的互补优势与分散劣势，实现校、院、系三级管理应有效地发挥优势、扼制劣势，否则改革将是无效的。

面对新的校、院、系分级管理体制，文献资源无疑将进行重新布局和配置，文献机构将进行调整。此时必须遵循实事求是，因地制宜的原则，千万不能一刀切。小型、无力发展、效益差的资料室应坚决合并，而具有一定规模，发展较好的资料室则应慎重考虑，否则不利全校文献资源建设的发展，也不利于刚刚组建学院的学科发展。

2. 关于结构模式

根据以上讨论以及云南大学的规模和今后的发展，我个人认为，采取以图书馆为主、分设学科资料室的结构模式较为可行。具体讲，就是采取学校设图书馆，各学院设学科性资料室的结构模式。这样做的好处在于：有利于将分散的院、系、所、中心资料室加以集中，使各自形成一定规模，扼制了过于分散的布局劣势，从而为形成各自的学科特色、学科优势奠定了基础。有利于各学科资料室发挥文献收藏、购置方面的优势，弥补图书馆的不足，并继续形成优势互补的态势。有利于调动各单位文献工作的积极性，发挥资料室的特殊功能，即资料性、专业性功能。有利于文献保障体系建设，满足广大读者的基本需求。

当然这一结构的设置，并不是简单地将各资料室按学科合并。合并的目的是扼制分散的重复建设，并促进优势互补，如果此目的在合并后不能实现，则以不合并为宜。因此在具体操作结构模式调整的过程中，还应做大量调研，并对各资料室的情况做出正确的评价。

四、云南大学校、院、系分级管理体制下重新进行文献资源布局配置工作的建议

1. 加强领导，统一调配，建立全校文献信息工作委员会（图书情报工作委员会）。文献资源的布局配置是一项系统工程，必须加以认真组织领导，进行统一的部署规划，因此亟须建立全校性的文献信息工作委员会，该委员会由主管图书馆工作的校长任主任，图书馆馆长任副主任，会同主要院、系、所、中心的专家或主管教学科研的负责人组成，其任务是：对全校文献信息资源的布局和配置提出意见和建议，对各资料室的工作进行评估。评估的目的一是摸清家底，二是为调整布局奠定基础，协调全校文献资源的购置，对全校文献资源工作进行监督指导，对全校资源共享提出意见和建议。这一机构应当是长期的。1993 年前，云南大学所设的图书情报工作委员会，工作很有成绩，后因退休、调离、工作忙等原因，有相当一段时间没有活动，在改革深入的今天，有必要重新组建这一机构。

2. 加快现代化建设步伐，建设全校文献信息资源计算机管理网络体系。建立全校文献信息资源计算机网是实现全校性文献资源正确布局、合理配置、统一协调、资源共享的手段。随着现代化技术手段在文献信息业的大量应用，多元一体化、数字化、网络化已成为总的趋势，同时虚拟化图书馆逐渐成为现实。文献资源的布局和配置也出现了新的趋向，已不再追求文献资源的多和全，而是追求手段的先进，依靠先进的手段及网络技术，本身没有的也可以索取得到。如果能够尽快在校内建立起文献信息资源的计算机网，只要是学校范围内的文

献，都能够在网上得到，同时在网上还可进行资源的协调，那么就不在乎是集中还是分散管理了。

3. 在全校文献信息机构中推行文献工作的标准化、规范化，使全校文献信息资源构成统一、规范的有机整体，进而实现联合采购、统一编目，以利于进一步杜绝重复建设，并加快资源共享步伐。

文献信息资源的布局和配置是一项复杂工程，在校、院、系分级管理体制下，如何达到正确布局、合理配置的目的，还需进行深入探讨和研究。本文所述或有疏漏，或有谬误，权当抛砖引玉，请各位专家指正。

原载于《思想战线》，1997 年增刊

图书馆馆藏文献数字化建设若干问题的思考

图书馆馆藏文献数字化是图书馆信息资源建设的重要内容，是数字图书馆建设过程中一项意义重大的基础工作，也是图书馆文献工作现代化的重要标志之一。该项工作不仅能使传统文献改变存在形态，使图书馆文献资源建设步入全新历史阶段，同时通过这一工作可起到更好地保存、开发和利用原始文献，促进整个社会信息资源共享，实现全方位、有针对性的网络化、专门化、特色化服务的作用。

馆藏文献数字化是一项复杂的工程。20 世纪 90 年代以来，随着世界范围内有关数字图书馆问题研究的兴起，关于馆藏文献数字化问题的讨论和研究，也逐步取得了可喜成果，理论上有了较明确认识，实践中取得了一定经验，但也还存在着一些亟待解决和澄清的问题。本文试图对其中一些问题谈点个人思考的意见，希望能对图书馆馆藏文献数字化建设有一定帮助。

1　馆藏文献数字化的概念内涵

一般认为，馆藏文献数字化是“指图书馆利用多媒体技术、数据库技术、数据压缩技术、光盘存储技术、网络技术等技术手段，将馆藏印刷型文献、缩微型文献、音像型文献等传统介质的文献，转化为数字化、电子化的光盘文献或网络信息的工作”[1]。从已发表的文献中可见，人们对于这一基本概念的认识已经取得了共识，但在实践过程中对于其内涵却存在着认识上的差异。

传统意义上，馆藏文献指某个具体的、单个的、特定的图书馆（或文献收藏机构）所收藏的各种文献的集合。随着社会信息化、网络化的发展，虚拟图书馆思想的引入，以及人们对信息资源的“拥有”与“获取”的观念发生转变，对于馆藏文献也有了更广义的认识：馆藏文献应当是指某一特定区域或特定系统若干图书馆（或若干文献收藏机构）所收藏的可通过网络获取的可共享的文献集合，也可更广义地理解为全社会各图书馆馆藏文献的总和。全社会各图书馆馆藏文献对于某一特定的、具体的图书馆而言，可被视为虚拟化的馆藏文献。在网络环境下，这一认识的转变有着非常现实的意义。

传统意义上，馆藏文献的数字化被认为仅仅是将本馆收藏的非数字化文献转化为数字化文献的过程。如果从广义角度去理解馆藏文献的数字化问题，我们则可得出另一结论，即：馆藏文献数字化不仅仅是单个图书馆的行为，而是一种行业或社会行为，因而必须考虑整体化建设问题。这样的结论告诉我们，馆藏文献的数字化至少应当在两个层面上进行，一个层面是单一图书馆独立进行的将本馆特有的馆藏文献进行数字化处理后，形成特色数据库，发布上网，提供服务，这是狭义层面；另一层面则是广义层面，是在一定区域或一定系统内通过整体协调将各馆某一相同类型或某一相同主题的馆藏进行数字化处理后，建成共有数据库，以提供网络共享服务。这里应当注意的是：两个层面的馆藏文献数字化建设并不是孤立的，而是互相依存的关系。广义层面的馆藏文献数字化建设应当以各馆文献数字化为基础；各馆馆藏文献数字化则应与整体建设相协调。归根结底，这是一个在网络环境下进行整体化建设的问题，在新的网络环境下，整体化建设则是进行馆藏文献数字化时应当随时注意的一个原则。

馆藏文献数字化是当代图书馆文献资源建设的重要内容，如果从文献资源建设角度去认识馆藏文献数字化的概念，还应当有另一层涵义，那就是使馆藏文献的基本结构转变为以数字化资源为主的资源形态。当今世界,各类信息企业或数据公司的兴起,使各个图书馆已可通过购买电子文献、文献数据库或下载网络文献改变本馆的馆藏文献形态,从而增强馆藏文献数字化程度,加快馆藏文献数字化进程。因而馆藏文献数字化的过程应包含两方面内容:一是图书馆通过购买(引进)电子图书、文献数据库、下载网络资源等方式获取数字化文献或信息;二是图书馆内部将非数字化馆藏资源转化为数字化资源,包括了自建和共建两大部分。因此,从广义的角度去考察,实现馆藏文献的数字化应当是自建与引进相结合,自建与共建相结合,自身数字馆藏与虚拟馆藏相结合,这应当是馆藏文献数字化建设的一大方略,也是馆藏文献数字化的根本内涵。

2　关于馆藏文献数字化建设目的与效益

各馆在进行馆藏文献数字化建设时都会考虑一个基本问题,即我们建设的目的是什么?其经济效益和社会效益如何?不少图书馆事实上存在着模糊认识,为了数字化而数字化,并没有认真考虑数字化的目的和效益问题。面对一个复杂的建设工程,如果不严肃认真思考其目的和效益,必将影响到决策的正确与否。

一般而言,馆藏文献的数字化应当具有最基本的目的,即:①保存原始文献。这主要针对珍贵文献而言,数字化的结果可使原始文献在继续使用过程中不再受到损坏或丢失;整体化的数字化建设还可使已受损的原始文献在一定条件下实现补损。②提高管理效率。使原始文献在另一形态下为用户提供服务,减少管理原始文献、存取原始文献的成本。③提高文献利用率。通过文献的数字化工程,可将文献转化为功能强大的数字化资源,并提升文献在存取方面的功能。④满足用户需求。使馆藏文献得到更广泛、更深层的开发利用,满足用户多方位、多功能、多层次的需求。⑤实现资源共享。通过利用强大的网络功能,使数字化文献实现网络共享,提供更广泛的服务。这些基本目的既适用于自建,也应当适用于共建和引进。

由此可见,馆藏文献数字化的目的,实质是提高馆藏资源利用率,使馆藏资源最优化,并能获得用户最大满意度。从经济学的角度思考,实际是以投入最小成本与获取最大效益为目的来进行馆藏资源的合理配置。在此必须认真思考馆藏文献数字化的成本与效益问题。馆藏文献的数字化工程需要大量经费及人力、物力的投入,在建设前必须对建设项目进行科学论证。要提出问题,如:经过建设能否实现上述目标?实现目标的程度如何?经过数字化处理后,是否可减少对原始文献的存取和利用,起到保护原始文献的作用?对原文献的存取和利用是否更加方便,对其所含内容、信息的利用是否可更加深化?是否可提高管理效率?是否可实现满足用户需求、资源共享的目标?效益与支出是否平衡?是否合理等。在我国这样一个经济、政治发展不平衡的国家中,馆藏文献的数字化建设必须注重节约成本,讲求实效。无论是自建、共建还是引进,这一基本的思想是必须得到重视的。

馆藏文献数字化的整体建设,讲求的是“效率优先,兼顾公平”的基本原则,这是我国信息资源配置的基本原则,我国在进行信息化建设时投入较大资金用于发达地区的建设,正是这一原则的体现,即发达地区建设基础较好,资金投入后能较快见效。这一原则同样告诉我们,各馆在馆藏文献数字化建设中,要集中选择基础好、特色突出、效益明显的项目先行建设。只有建设目的明确,效益与成本核算科学、合理,馆藏文献数字化工程的实现才可行、可靠。仅将馆藏文献数字化作为一项时髦工程,而不去认真思考建设目的和建设效益,其结果将会造成更大的资源配置的不合理。

3 馆藏文献数字化建设应重点解决的问题

3.1 决策问题

馆藏文献数字化建设,有许多必须考虑的环节,这些环节环环相扣,缺一不可,而决策却是关键。在此,我们不妨参考哈佛大学学者们对馆藏文献数字化决策提出的八个著名提问。他们认为这些问题中只要一个问题的回答是“NO”,就应考虑取消馆藏文献数字化的提议:①拟数字化文献是否具有足够的实质性价值,以保证数字化工程效益;②该文献数字化后是否可明显地提高存取率;③该数字化工程究竟达到了什么目的;④数字化拷贝满足了确定的需要吗;⑤数字拷贝的传送符合版权法或得到特许吗;⑥当前技术产生的高质量图像是否可满足我们的要求;⑦有足够的经费与充分的技术力量支持吗;⑧当地的信息基础结构是否充分,可以支持数字文献的传送吗[2]。

归纳以上八项提问,我们可以看到,正确解决建设目标、建设效益、建设标准、技术支持、经费保障和管理机制等问题,是馆藏文献数字化建设正确决策的基础。尽管哈佛大学的学者们已对此做了很认真的研究,但具体到我们拟进行馆藏文献的数字化建设时却不得不结合本馆、本地区、本系统内的情况进行更深入、细致的研究。如果站在整体化建设的层面去思考问题,以上研究更是必不可少的。

3.2 具体目标选择问题

面对馆藏文献数字化的目的、效益以及决策的需要,馆藏文献数字化具体目标的选择显得尤为重要。目标选择主要涉及本馆、本地区、本系统馆藏文献数字化的总体规划,关键问题是选择哪类文献作为数字化处理对象,选择的结果应当以是否可达到以上基本目的为评价标准。具体则应考虑哪些文献可通过购买引进来解决?哪些文献可通过共建体系来解决?哪些文献是必须由自行进行数字化处理来解决?自行数字化处理的文献的价值如何?有何特色?是否具有保存的实质性价值?是否可使不被人知的文献在新形态下得到开发利用?是否对国家、地区或系统的建设、发展及科学文化事业有重要意义?是否存在用户群的支持?类似的数字化产品是否已存在?是否与本地区、本系统的整个数字化建设相关联?在技术上是否可得到支持?是否能吸引政府或投资者的目光?预期效益与支出是否平衡,是否合理等问题，这是一系列需要从多层面、多角度进行思考的问题。一个具体的馆藏文献数字化工程，应当在目的明确的基础上更深入地结合本馆、本地区、本系统的实际，进行全面思考，确定馆藏文献数字化的目标。

具体目标选择过程中为了能尽快满足用户现实需求，在财力及基础设施允许的条件下，应优先考虑引进购买一部分使用效益较好的文献数据库，并以此促进共建与自建工程。

自建馆藏文献数据库应优先选择最具特色，最具保存价值，最为用户所需要，最能体现效益，最能支持本单位、本地区、本系统的建设和发展，最能得到政府或投资者支持，对本馆、本地区、本系统意义重大，与其他馆或地区、系统不重复建设，能与网络连接的文献，即优先选择的原则。在进行目标选择时还应考虑是否已有或已在建商业化的同类数据库，该数据库是否可满足自身需要，满足程度有多大等。这需要进行广泛而深入的调研，应当将拟进行数字化处理的文献按问题要求分门别类进行评价，一一做出回答并比较后再做决策。武汉大学刘家真教授曾在一篇文章[3]中提出了拟进行数字化的文献类型，归纳起来包括六个方面：要利于提高存取功能；有助于文献保护；便于馆藏利用；对本馆具有重要意义；可为其他馆藏提供背景；投资者感兴趣的数字化项目。在同一篇文章中，刘家真教授还提出了“在选择文献数字化对象时，主要应考虑文献价值、用户需求、文献形体状况、技术的可行性与版权等因素”[4]。这对我们应当有很大启发，不妨将其作为目标选择时的参考。

馆藏文献的数字化还必须关注共建问题，选择的文献如能加入共建体系，建设成本就会下降，网络运行将会更加顺畅。而最佳选择便是优先实现馆藏特色文献数字化建设，以此提高本馆特色资源的利用，在网络中占有一席之地，并借此提高本馆在信息网络中的地位和影响。

3.3 技术标准问题

馆藏文献的数字化依托的是现代信息技术。现代信息技术的发展，一方面可为文献资源的数字化提供多种技术支持，另一方面又带来选择的难度。正因如此，馆藏文献数字化的技术标准及选择问题不容忽视。

馆藏文献数字化主要是将原印刷型文献转换为数字化文献的工程，存在格式转换以及转换方式的问题。我们首先应当考虑的问题是采用什么格式来实现数字化格式的转换。可供选择的格式是多样的，如 WORD、TIFF、PDF、PDG、JPEG 等。其次，我们将考虑应采取什么样的转换方式进行处理。可选择的方式有：图像文件，文本文件，光盘版，网络版等，采用键盘录入或光学字符识别（OCR）扫描输入手段来实现。这些转换格式和方式各有千秋，选择过程中应当着重考虑的原则是：是否遵循了一定的标准或准标准；是否有适用的硬件平台；是否有易得易用的软件支持；是否利于数字化文献格式的相对稳定；是否利于数字化文献的归档和长期保存；是否方便用户，满足用户需求；在数字化处理过程中是否损坏原件；转换过程中对原件的高保真程度如何；技术的兼容性如何；网络共享性能如何等。自建馆藏文献数据库要考虑此类问题，引进购买数据库也要考虑这些问题，目的是为本馆在建设、管理、利用等方面提供方便。

馆藏文献数字化工程还必须考虑技术标准的使用，数据描述要遵循相关的元数据标准及 MARC 格式标准；数据序化要考虑相关分类法、主题法及专用词表的应用；数据存储要考虑标准编码系统的应用及相关的存储模型；文献数据库的检索则应遵循 Z39.50 等面向图书馆著录数据检索的公共标准以及分布检索体系的其他机制；而在网络传输方面则应考虑用户接入规范（如 W3C 等）和传输规范（如 TCP/IP 协议组的一系列协议）等。只有规范建设，才能最大限度地实现资源共享，方便用户使用，使建设效益得到充分体现。

3.4 建设方法问题

馆藏文献数字化的顺利实施，要有一定的建设方法。在引进、购买现成的数字化资源时，应注重以最少的投入获得最大的效益。目前，市场推出的商业化文献资源数据库价格都不低，应尽量在共享体系的统一协调下采取联合共建、集团购买、集团引进方式进行。而各馆自建馆藏文献数据库，主要有自行建设、参与共建、业务外包、自建与共建相结合、自建与业务外包相结合等模式。选择何种模式作为本馆馆藏文献数字化的基本模式，要根据具体情况而定。

如果本馆各方面条件较好，在技术、人力、资金、馆藏资源等各方面都能支持馆藏文献数字化建设的进行，则可使用自行建设的方法。但很多图书馆并不具备相应的条件，加之日常业务工作的干扰，要自行实现馆藏文献的数字化是非常困难的，这种方法尽管对于提升本馆水平、培养馆员能力有很大好处，但自行建设数据库的基本条件如果不具备，在建设规模、质量、技术、维护等方面都会受到很大影响，不仅费时费力，而且体现不出建设效益。

如果感到自身技术力量（技术平台、技术人员等与技术有关的因素）不足以支撑整个建设项目，最好选择业务外包的工作方法。进入21世纪后，众多专业数据制作公司面世，为馆藏文献数字化业务外包提供了良好的条件，同时可使本馆人员有更多时间考虑决策、服务等工作。业务外包实际体现了社会职能分工的明确，即文献活动过程中，不同机构担负着文献生产、发行、整序、保存、传递等职能，图书馆的主要职能为整序、保存、传递文献等，出版、发行机构的主要职能是生产、发行文献等，在数字化时代，数据制作公司在逐步取代出版、发行机构的职能。在馆藏文献数字化处理过程中，数据公司与图书馆携手进行建设，各司其职，质量将会得到保证。

如果本馆拟数字化的文献已有在建项目，最好选择参与共建的方法，可较好地避免重复建设，降低建设成本，提高共享能力，同时也可通过参与系统建设获得建设经验，以指导馆内其他馆藏文献的数字化建设。

如果本馆在文献收集整理方面具有较强实力，在数字化处理技术的能力和技术平台上却有限，便可采取自建与业务外包相结合的方式，各自承担其中部分建设工作，扬长避短，以保证馆藏文献数字化的质量。

3.5 组织管理问题

馆藏文献数字化建设是一个系统工程，无论是自建、共建还是引进，切实可行的组织管理显得尤为重要。

馆藏文献数字化建设的管理首先要有组织保障。整体化建设中的组织保障应由管理机构、基层组织、投资机构、技术人员等各方组成。管理机构是决策机构，基层组织落实工程的实施，技术人员负责具体建设，投资机构则负责资金保障，原则上各司其职，分工合作，在管理机构统一指挥下协调一致完成工程。根据我国文献资源布局形成的等级控制特点，在馆藏文献数字化共建体系中，主要的组织管理模式是：各图书馆为基层组织，各地区建立区域性组织，在全国相应中心的统一管理协调下进行建设，如我国已建成的 CALIS（中国高等教育文献保障体系）、NSTL（国家科技图书文献中心）、国家信息资源网络等都是这种模式。在这种组织管理模式下，各基层图书馆一是要参与整个系统的数字化建设，同时实现本馆特色馆藏文献数字化建设计划，通过各馆、各地区及中心的努力，实现全国各图书馆的数字化建设计划。在各基层图书馆，主要的组织管理模式则应当组建主管部门领导下的，由上级主管领导、馆长、相关技术专家及子项目负责人参加的馆藏文献数字化建设项目领导小组，在建设中引入市场机制，实行项目管理和组织落实。根据我国国家数字图书馆馆藏文献数字化组织管理的经验，在数字化过程中，还可组建相关各学科专家共同参与的咨询组织，实现跨行业的合作、共建与共享。

我们今天进行馆藏文献数字化建设是在我国市场经济体制基本确立的基础上进行，在建设过程中引入市场经济运行机制和管理模式，按市场运作规律进行开发建设是馆藏文献数字化建设的重要保证。市场经济体制下进行数字化建设首先是引入市场竞争机制，吸引多方投资，以提供相应的建设资金；其次可遵循市场经济规律，边建设、边使用，使建设资金进入良性循环，为持续发展提供保障。根据市场经济体制的要求，在整个馆藏文献数字化建设中必须建立项目管理机制，上级主管部门按照工程项目管理的方式进行宏观管理，具体图书馆按照项目管理要求实施建设，最终以立项要求进行验收。

在馆藏文献数字化建设的组织管理中，必须注重在数字化建设的大环境中体现决策、计划的科学合理，资金、技术的调配得当，组织、领导的协调有效，控制、评价的措施有力。科学拟定计划决策，合理调配技术力量，科学搭建技术平台，多方筹措建设经费，合理选择工作模式，同时获得政府和投资者的支持，对项目实施有效评价和控制，是实现馆藏文献数字化的基本保障。

4　结束语

在馆藏文献数字化过程中还有许多问题需要认真对待并加以解决，如观念问题、版权问题、经费投入问题、基础设施建设问题、网络构建问题、数据库结构设计问题、共享机制及共享方法问题、立法问题、人员素质及培训问题、质量评价问题、持续建设问题等。这些问题有的来自技术方面，也有的来自非技术方面，有的既存在技术影响，也存在非技术影响，如果解决不好，将会对馆藏文献数字化的顺利进行形成障碍，制约馆藏文献数字化的发展。笔者认为，在这些制约因素中，非技术因素对建设的影响更为突出，应当予以高度重视。

馆藏文献数字化建设表面看是现有馆藏形态的转换，但它却影响到图书馆思维方式、工作模式、技术方法、服务手段、人员素质、人员结构的根本变革以及图书馆功能的进一步深化。为了适应这一变革，图书馆必须及时在理论上深入探讨，实践中大胆开拓，在思想观念、组织结构、管理模式、技术力量、服务手段及资源配置等方面进行调整，实现图书馆在新的技术环境下的转型，以推动整个图书馆事业的发展。

参考文献

1 吴慰慈,董焱.图书馆学概论(修订版).北京:北京图书馆出版社(今国家图书馆出版社),2002

2,3 刘家真.馆藏文献数字化的原则与方法(上).中国图书馆学报,2001(5)

4 刘家真.馆藏文献数字化的原则与方法(下).中国图书馆学报,2001(6)

原载于《大理学院学报》,2006 年第 3 期

论图书馆服务能力的全面提升

——基于图书馆服务能力系统的讨论

图书馆的服务能力直接影响着图书馆的服务品质，进而影响着图书馆资源的利用效益以及用户对图书馆的服务体验，决定着图书馆的社会存在价值。对图书馆服务能力的研究是图书馆服务与管理研究不可或缺的重要内容，而图书馆服务能力的全面提升，对于图书馆的综合实力以及所产生的核心竞争力影响深远。

图书馆的服务能力是图书馆综合实力在服务活动中的具体体现，是图书馆服务活动中相关要素相互作用的结果。本文拟将图书馆服务能力作为一个系统加以分析，试图通过对图书馆服务能力的基本要素、服务能力系统结构、服务能力系统特点的讨论，在系统工作原理指导下，以全面质量管理思想为指导，深入探讨图书馆服务能力的全面提升问题。

1　图书馆服务能力及其系统结构

1.1　图书馆服务能力

《辞海》及多数心理学教科书都将“能力”解释为：成功地或顺利地“完成某种活动所必需的个性心理特征”[1]。这一解释的关键点在于人的个性心理特征与实践活动的结合，强调能力是与人的心理活动和实践活动“紧密联系的”[2]，是个性心理特征在一定的实践活动中通过一定的行为方式表现出来的。人的能力有基本能力与特殊能力之分,个性心理能力以及在心理能力支配下产生的日常行为能力是人的基本能力,而人的基本能力要素相互作用,与特定实践活动结合,依托特定的实践条件,采用特定的实践方式,成功完成特定的实践任务,则产生了特殊的能力,或专门能力。“要想完成任何一种复杂的活动,需要多种能力结合构成一个系统”[3],同时也需要特定的实践活动要素作为能力展示的平台和能力发挥作用的基础。基本能力要素、特殊(专门)能力要素与实践活动要素相结合,共同构成了完整的个体能力系统。

图书馆服务能力也有基本能力与特定能力之分,其基本能力是图书馆在图书馆组织文化以及基本实践活动条件支持下产生的完成日常业务工作的能力;其特定能力则是由图书馆特定的服务宗旨、服务目标以及特定的服务实践活动所规定,依托图书馆的服务条件,采用特定的服务方式、服务手段,为完成图书馆服务活动和服务任务而具备的能力。不难看出,成功完成图书馆服务任务是图书馆各种能力要素共同作用,并使各种能力要素与特定的服务实践活动要素相结合的结果。图书馆的各种能力要素和服务实践要素有机结合,便构成了整体关联的、有序的、可操作和可感知的图书馆服务能力系统。

1.2 图书馆服务能力的基本要素

当代图书馆的任何一项工作都是围绕服务、以服务为核心而进行的,因而图书馆服务能力的基本要素实质是影响和支持服务的图书馆各项工作,即:

(1)图书馆的资源体系建设,包括图书馆文献信息资源,基础设备、设施、馆舍资源,人才资源,技术资源等。这是图书馆服务的基础支撑条件。

(2)图书馆组织文化建设,包括组织共同的道德观念,共同的价值观,共同的行为准则,共同的服务精神等。这是图书馆服务理念、服务能力形成的精神文化基础。

(3)图书馆基本业务体系建设,包括文献信息资源的收集、整理、加工、组织以及服务等工作体系,图书馆业务部门、管理部门等。这是图书馆服务赖以活动的基本实践平台。

(4)图书馆开展服务工作的基本能力和特有服务能力培养。这是图书馆服务得以发挥作用,充分显示图书馆资源、组织文化以及业务工作成就的重要手段。

(5)图书馆服务的战略规划、策略设计、管理机制等。这是图书馆服务任务得以成功完成的保障。

1.3 图书馆服务能力系统结构

本文认为图书馆服务能力系统是以上各种基本要素加上图书馆服务的实际活动,以及在实际活动中的行为方式共同构成的功能系统。基于对图书馆服务能力要素的基本认识,本文提出了由 4 个相互关联的子系统和 1 个服务能力提升调控反馈机制构成的图书馆服务能力系统(如图所示)。

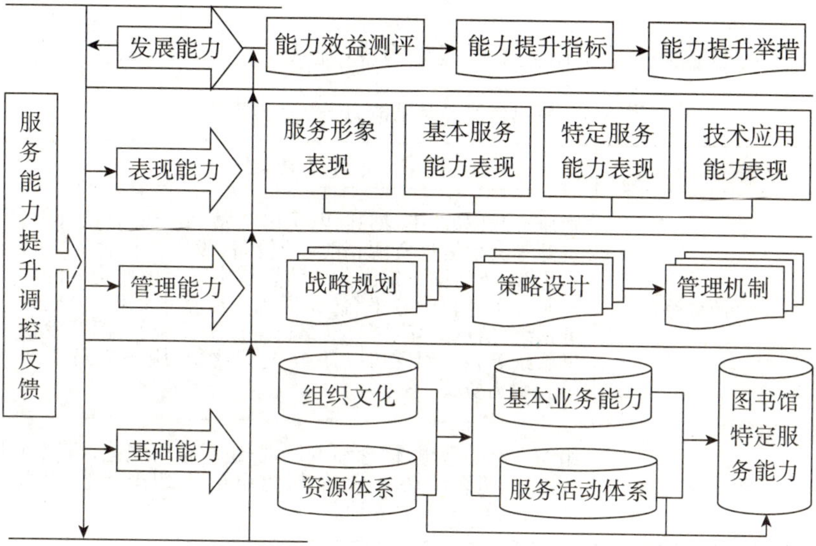

图书馆服务能力系统结构图

该系统首先由各种服务能力要素和服务实践活动要素有机结合，形成特定的能力要素集；其次则由这些要素集相互作用，构成不同层级的能力子系统；最后由各层级能力子系统构成整体关联、相互依存、互动有序的服务能力系统。如果将该系统结构看作是展示图书馆服务能力的大舞台，那么基础能力就是服务能力表现的后台能力和基本功；表现能力则是服务能力正式的前台表演。毫无疑问，管理能力起着将后台能力与前台能力连接起来的舞台编导作用，而发展能力则代表了图书馆服务能力持续发展的新目标。整个系统中，后台能力服务于前台表现，后台能力越强大，对前台能力提供的支持就越有力；而前台表现的优劣，则直接影响图书馆的服务质量、用户评价、社会形象和社会存在价值。

2　图书馆服务能力子系统结构分析

2.1　基础能力子系统

基础能力子系统由五个要素集构成（见表1）。

表1　图书馆服务基础能力子系统要素表

要素集	基本要素概述
资源体系	物质资源（如图书、期刊、电子出版物、数字化资源、网络资源等文献信息资源；相应的设备、设施及馆舍等）；技术资源（支持图书馆服务的信息技术以及由此构成的信息服务系统和服务平台，如资源集成管理系统、集成服务系统、信息交互平台、网络资源服务系统、资源开发挖掘系统等）；人才资源（服务人员数量、服务人员素质等）；财力资源……
组织文化	组织共有的理想、信念和价值观；组织道德规范；组织行为准则；组织形象；组织精神；组织知识；组织智慧；组织经验；服务宗旨；服务理念……

续表

要素集	基本要素概述
服务活动体系	图书馆各种信息资源(包括纸质文献资源、电子文献资源、数字文献资源、馆藏文献资源、非本馆文献资源、网络文献资源等)的获取、整理、加工、组织、检索、传递、提供、开发、利用以及参考咨询、交流互动、文献翻译、文献复制等服务实践活动内容;相应的服务部门设置……
基本业务能力	图书馆实践活动的认知能力;图书馆实践活动的行为能力;图书馆实践活动的学习能力;图书馆实践活动的创新思维能力;图书馆完成基本业务工作的能力,包括各种文献信息资源的获取、整理、组织、加工、借阅等能力
特定服务能力	利用资源体系、组织文化将组织的基本业务能力与图书馆服务实践活动结合起来,形成完成各种服务实践活动的特定能力,包括文献信息资源检索、传递、提供、开发、利用、翻译、复制以及参考咨询、交流互动、技术应用等能力

表中资源体系、组织文化是图书馆服务的基本条件。一定的资源条件和组织文化,促成了图书馆服务活动体系以及图书馆基本业务能力的形成,同时也促成了组织基本能力与图书馆服务活动有机结合,进而形成图书馆特定的服务能力。在整个图书馆服务能力系统中,这五个基本要素集是图书馆顺利开展服务工作、完成服务任务、展示服务能力、实现图书馆服务目标的基本条件,缺一不可。

2.2 管理能力子系统

管理能力子系统由战略规划、策略设计、管理机制三个要素集构成(见表2)。

表2 图书馆服务管理能力子系统要素表

要素集	基本要素概述
战略规划	服务目标;服务思路;服务活动内容优化计划;服务预期质量;服务能力品质要求……

续表

要素集	基本要素概述
策略设计	服务目标实现方案;服务能力展示平台设计;服务任务完成方案设计;服务能力指标解析……
管理机制	服务管理战略;服务管理理念;服务管理模式;服务管理方法;服务管理机制……

图书馆服务能力战略规划是图书馆为实现图书馆服务宗旨和目标,培养和提升图书馆的服务能力而做的长远和宏观思考;策略设计是将战略规划转化为具体的服务能力,并提出具体的转化方案,解决具体服务能力问题的谋划,主要为图书馆服务战略及能力提升战略的全面落实提供明确的能力要求指标和方法手段。战略规划重在解决目标问题,策略设计解决实际操作问题,管理机制则是服务战略和策略的保障,共同体现出图书馆的服务管理能力。

2.3 表现能力子系统

表现能力子系统由 4 个要素集构成(见表 3),是图书馆服务能力在前台的展示和具体操作层,也是图书馆基础能力和管理能力的外化形式。

表 3 图书馆服务表现能力子系统要素表

要素集	基本要素概述
服务形象表现	图书馆服务理念、价值观的外化;图书馆组织文化特征展示;图书馆整体服务形象、团队精神面貌的表现;馆员基本素养表现;馆员行为表现……
基本服务能力表现	对图书馆服务活动目标认知能力的表现;完成图书馆服务活动任务的行为能力、技术能力表现;学习和应用新技术新方法的能力表现;图书馆实践活动经验的总结能力表现;创新思维能力的表现;图书馆各种文献信息资源的获取、整理、加工、组织、发布等能力的表现;与用户交流沟通能力的表现……

续表

要素集	基本要素概述
特定服务能力表现	图书馆各种文献信息资源的检索、提供、开发、利用等特定服务能力;信息服务能力、参考咨询服务能力;网络信息资源获取、导航和服务能力;数据库资源服务能力;文献传递、翻译、复制等服务能力;文献信息服务的准确性、可靠性、便捷性、专业性、特色化、个性化等能力的表现……
技术应用能力表现	文献信息资源集成管理系统应用能力;集成服务系统应用能力;信息交流互动平台应用能力;网络资源服务系统应用能力;数据库系统服务能力;资源开发、数据挖掘、数据推拉、远程服务等能力……

其中服务形象和基本服务能力的表现体现了整个组织的价值取向和文化取向,是图书馆是否有感染力和凝聚力,是否有能力开展服务工作并获得用户信任的表现;特定服务能力由图书馆特定的业务工作和服务活动而规定,是图书馆特有的、可操作的、用户可感知的服务能力,也是图书馆服务形象和基本能力的深层表现。不可忽视的是,随着现代信息技术在社会各行各业的广泛应用,用户对于图书馆利用现代信息技术提供服务逐渐产生依赖,因而技术应用能力表现的强弱,对于图书馆整体服务能力的表现以及用户感受至关重要。

2.4 发展能力子系统与服务能力提升调控反馈机制

发展能力子系统是在图书馆服务能力可持续发展的思维下产生的,对于图书馆服务能力的可持续提升具有重要意义。发展能力子系统由三个要素集构成(见表4),首先对已往图书馆服务能力的表现进行评价;其次对如何发展和提升图书馆服务能力提出新的能力指标;最后就如何达到新的能力指标提出措施建议,并反馈给其他子系统,为从整体上发展、提升和优化图书馆服务能力提供参考。

表4 图书馆服务发展能力子系统要素表

要素集	基本要素概述
能力效益测评	服务质量达标评价;服务效益达标评价;服务能力达标评价;用户满意度测评……
能力提升指标	根据能力效益测评结果进行分析,提出能力提升的新指标
能力提升举措	根据能力提升新指标提出解决方案,并将其反馈给其他子系统

整个图书馆服务能力系统是具备反馈机制的系统,图书馆是否具备常规性的反馈调控机制,也反映了图书馆是否具备提升和发展服务的能力。在反馈循环中,图书馆服务能力各子系统的功能不断被优化和强化,使得图书馆整体的服务能力更强,服务效益更高,社会形象更佳。

3 图书馆服务能力系统的特征

3.1 系统的整体性和关联性

图书馆服务能力系统是图书馆各种服务要素相互融合、各能力子系统相互依存的整体关联的复杂系统。其中,各子系统的存在与整个系统的存在互为基础;各服务能力子系统相互影响,形成相互关联的有机体;各子系统要素相互融合,共同发挥作用,完成图书馆服务任务。图书馆服务能力系统的这种整体性和关联性,体现了一般能力系统的普遍要求,同时也体现了图书馆服务能力系统的特定要求。只有整个系统连接成为有机整体,才能体现出系统功能的力量。

3.2 系统的有序性和动态性

图书馆服务能力系统的整体关联性以及要素之间、子系统之间的因果关系和层级关系,形成了有序的系统链,使各要素及各子系统之间的关系变得明确。当某一子系统或某一要素发生改变时,与之相关联的子系统和要素就会连锁反应,从而对图书馆如何调整或完善该子系统或要素的功能提出新要求,促使图书馆服务的改进。随着图书馆服务实践活动的变化和发展,图书馆总是需要调整子系统功能或要素组合,使系统始终处于打破平衡又获得新的平衡的动态循环状态。有序性和动态性相互作用,循环往复,促使图书馆服务能力不断适应新的服务要求,不断得到提升和发展。

3.3　特定的目的性和服务指导性

图书馆服务能力系统有其特定的目标,总目标是使图书馆服务能力得到充分表现,并获得图书馆服务的最高品质。各子系统在总目标指导下,通过达到子系统目标,使系统的总目标得到落实。即:通过资源体系、组织文化建设,为服务品质提升和服务能力发挥奠定坚实的基础;通过有效管理,使服务能力得到彰显;通过服务能力的彰显,体现其服务的效益;通过服务效益和能力的评价,使图书馆服务品质在更高起点上发展等。正是图书馆服务能力系统明确的目的性,以及图书馆不懈的目标追求,使图书馆服务能力系统对图书馆服务工作以及服务能力的提升和发展具有特殊指导意义。

3.4　特定的实践活动依赖性

特定的图书馆服务实践活动依赖性是图书馆服务能力系统区别于其他系统的重要特征。进入 21 世纪后,随着现代信息技术在图书馆的广泛应用,用户需求日益增长,图书馆的服务任务更加多元,服务内容更加丰富,服务手段更加复杂,图书馆服务能力的提升和发展也更加依赖于实践条件和实践平台。图书馆组织应当关注图书馆服务实践的发展趋势,通过科学的战略思考和策略谋划,搭建起更为丰富的服务实践平台,使图书馆服务能力得到更充分的展现,使图书馆的服务品质更高。

3.5 特定的基础条件规定性

资源体系是图书馆服务能力所依赖的物质基础，组织文化是图书馆服务能力所依赖的精神基础，而组织基本能力和组织的服务活动内容则对于形成图书馆特定的服务能力起作用。以上都是图书馆服务能力系统构建及服务能力发挥作用不可或缺的特定的条件。提升图书馆的服务能力必须关注资源体系和组织文化建设、服务实践活动内容的开拓以及图书馆基本能力与特定能力的培养。

4 面向系统的图书馆服务能力的全面提升

4.1 系统工作原理与图书馆服务能力的提升

综上所述，图书馆服务能力系统是典型的功能系统，其层层相连、环环相扣的系统结构以及既有一般系统关联性、整体性、目的性、有序性、动态性的基本特征，又具图书馆服务能力系统特定的条件规定性和实践依赖性特征，使其在系统功能的发挥中应当遵循系统工作原理。系统工作原理的基本点是根据系统的既定目标以及系统特征，对系统中各个要素和子系统进行优化调配，使各要素和子系统成为相互依存、相互作用的功能链，并形成共同完成工作任务的整体，最终发挥系统的整体效能。图书馆服务能力提升的目的是在整体上提升图书馆的服务质量，因而在系统工作原理基础上讨论图书馆服务能力的提升问题，其核心就是根据图书馆服务能力系统的整体目标、系统结构以及系统特征，对图书馆服务能力系统中的各能力要素、各子系统要素及其在服务活动中的系统关联质量进行整体优化，使图书馆的服务质量达到更高品质。

4.1.1 各服务能力要素和子系统的整体优化

要素及子系统优化的目的是使各服务能力要素及子系统的质量与其在系统中的位置相吻合，达到满足服务质量要求的最佳状态，而不是使每个要素或子系统独立达到某一所谓的高标准，使相互间的作用失去平衡。因而提升图书馆的服务能力必须关注系统中每个服务能力要素和每个子系统自身的质量以及相互间的适应质量。

4.1.2　系统关联质量的整体优化

将每一要素合理组织成相应的要素集，进而组织成相应的子系统、系统，并使他们环环相连，总是处于相互作用、功能发挥的最佳状态，同时使他们总是能够在服务工作中通过相互间的关联作用调整自己的状态，并达到最佳服务质量要求，是图书馆服务能力系统关联质量整体优化要达到的主要目标。因而，提升图书馆服务能力还必须关注系统中各要素及子系统的实际活动质量，即图书馆服务活动过程中的表现质量，重点应当关注各要素及子系统在其表现过程中与其他要素及子系统之间的相互配合，并实时调整不能很好履行系统功能的要素和子系统。

4.2　系统工作原理与全面质量管理思想的引入

以上讨论表明，图书馆服务能力提升的本质是解决图书馆的服务质量问题，图书馆服务能力的全面提升则涉及图书馆服务能力系统中各要素、各子系统的质量以及各要素、各子系统的关联运行质量，可以说没有以上两方面质量问题的解决，图书馆服务能力的提升就是空话。这里涉及如何进行图书馆服务能力的系统管理问题，我们不妨引入全面质量管理理论（Total Quality Management，TQM）对此进行讨论。

“全面质量管理理论是一种倡导全员、全程的管理和控制，强调产品和工作质量共同提高的系统性管理理论。”[4] 国际标准化组织 1994 年颁布的国际标准 ISO 8402：1994 将全面质量管理理论定义为，“一个组织以质量为中心，以全员参与为基础，目的在于通过让顾客满意和本组织所有成员及社会受益而达到长期成功的管理途径”[5]。该理论的基本思想在于：关注“组织中所有工作、所有活动的质量”[6]“强烈地关注顾客”或用户，“强调为用户提供最佳质量的产品”[7]或服务；持续不断地“改进组织中每项工作的质量”[8]。

应用全面质量管理的基本思想考察图书馆服务能力系统的优化以及服务能力全面提升的问题，就有了如何关注工作或活动质量，如何关注用户，如何持续改进工作质量的问题。本人曾经在一篇论文中提出了两个中心和四个“全”字的观点，即遵循以用户为中心，以质量为中心的原则，实现“全过程监控、全方位管理、全员参与、全面受益”[9]的管理。我认为，以此观点来讨论图书馆服务能力系统的全面质量优化以及图书馆服务能力的全面提升，也是有意义的。

(1)图书馆服务能力系统优化及服务能力提升的目的就是使用户获得满意的高质量的服务，如果不以用户为中心，不以服务质量为中心，达此目的则不可能。

(2)图书馆服务能力系统的优化及服务能力的提升，既包括系统中每个要素、每个子系统的质量要求，也包括每个要素、每个子系统的运行质量要求，只有对其质量进行全过程监控、全方位管理才能保证其服务质量，并提升其服务能力。

(3)图书馆服务能力系统中的各要素和各子系统的运行是层层相接的工作过程。在这一过程中，每一层级都可看作是上一层级的用户；每一层级都应当注重为下一层级服务；每一层级的服务质量都将受到下一层级的监控和检验，并受到终极用户的检验；因而每一层级都必须注重工作的质量，以最终获得高品质的、用户满意的服务。实际上从事每一服务岗位的馆员都将全员参与到这一管理过程中，既对上一层级的服务质量进行监督，也对本层级的服务质量负责，并为下一层级的馆员以及最终用户(读者)提供服务，全员参与的结果将使图书馆、图书馆员、用户等各方面获益。很明显，这些管理思想与我们此前分析的系统工作原理的两个关注点不谋而合，应用全面质量管理思想来指导图书馆服务能力的全面提升不可不说是重要的管理途径。

5 全面质量管理思想指导下的图书馆服务能力的全面提升

将全面质量管理思想应用于图书馆服务能力的全面提升，重在相应的管理措施全面落实。根据上述提出的观点，将以上两个中心，四个“全”字落实到具体的图书馆服务能力的全面提升中，则应当重点关注：图书馆服务能力系统的质量；图书馆服务活动过程的质量；图书馆服务质量的持续改进与图书馆服务能力的持续强化。

5.1 全方位管理图书馆服务能力系统的质量

图书馆服务能力系统由相关要素及子系统构成，全面管理图书馆服务能力系统质量必须从要素及子系统的质量管理入手。系统中每一要素及子系统都有特定的内容、职责、任务和功能，都与其他要素及子系统存在着密不可分的联系；每一要素和子系统的质量缺失都会影响到整体的服务质量以及整体服务能力的发挥。对服务能力系统进行全面质量管理，应当明确：系统中所有要素及子系统在系统中的内容、职责、任务、功能以及与其他要素及子系统的关系；系统中所有要素组合的合理性和子系统结构的合理性；系统中所有要素及子系统组合的整体性和关联性；系统中所有要素及子系统的质量要求指标；系统中不达标要素以及子系统内容质量改进的方法措施。通过细致的全方位管理，使图书馆服务能力系统更符合系统特征的要求，使系统中各个部分处于最佳状态，是系统全面质量管理的基本任务。

5.2 全过程监控图书馆服务过程的质量

全面质量管理思想要求组织中所有工作和所有活动的质量都能达到既定的要求，因而图书馆应当注重对图书馆服务活动过程以及服务能力绩效进行全过程监控，注重每一层级的能力是否达到了既定的质量指标,是否能够获得下一层级用户以及终极用户的满意。为此,图书馆应当做好:全面构筑和提供图书馆服务所需要的基础条件;精心设计服务活动体系、服务质量指标以及服务能力指标;建立图书馆服务活动全过程监控管理机制,在图书馆服务过程中对每一层级的服务质量及能力绩效进行全面监控和管理;充分关注用户的感受,包括图书馆内各个不同层级馆员的感受和终极用户的感受,通过层层测评和用户满意度测评等监控手段,达到全过程监控、全方位管理的目的;充分调动图书馆全员参与以及用户参与的积极性,以促进图书馆服务质量的提高,并促进图书馆服务能力的提升。通过全过程监控,将图书馆的服务过程全面纳入图书馆质量管理系统,可保证图书馆服务质量的优化,也有利于图书馆服务能力在各方面得到提升。

5.3 图书馆服务质量的持续改进与图书馆服务能力的持续强化

图书馆服务活动质量全方位管理和全过程监控的目的是不断提高图书馆服务质量,并通过持续不断的质量改进实现图书馆服务能力的全面提升。全面质量管理的重要特点之一是具备完善的层层把关的反馈机制,图书馆服务质量的持续改进与图书馆服务能力的持续强化都是在完善的反馈机制推动下经过不断地调控获得的。为此,图书馆服务能力的反馈调控机制在全面质量管理中就显得尤为重要,必须做到:在全过程监控、全方位管理机制下注重全过程反馈和全方位反馈;关注反馈数据的分析研究,为持续提升图书馆服务质量、强化图书馆服务能力设计切实可行的方案;始终关注用户对服务质量、服务能力的感受,发挥用户在反馈机制中的作用;始终关注图书馆服务能力系统中各要素和各层级子系统质量的持续强化,并注重持续强化中各要素和各层级子系统的协调发展;始终关注图书馆服务质量持续改进和服务能力持续强化中全体馆员的作用和利益,将服务质量的持续改进和服务能力的持续强化真正转化为图书馆员的自觉行为。

以全面质量管理思想指导图书馆服务质量和服务能力的全面提升及管理,有极强的实践性和可操作性要求。通常人们需要设计专门的方案，成立专门的组织机构，建立专门的质量评价指标，进行系统的管理运作，开展有效的质量测评，确定有待解决的问题，提出改进措施等。特别是面对今天图书馆服务能力系统日趋复杂的情况，全面质量管理更需要加强以上工作，为图书馆服务质量及服务能力的提升管理提供可操作和可感知的行为范式。目前，国内外图书馆已有许多成功的案例反映图书馆全面质量管理的实践经验，这些经验主要针对图书馆服务质量的提升。今天我们讨论图书馆服务能力的提升，可将其基本方法移植于此，从服务质量反思服务能力，从而起到对图书馆服务能力进行全面提升的作用。

图书馆服务能力系统是复杂的系统，还有许多可深入探讨的内容。在系统工作原理基础上，应用全面质量管理思想讨论图书馆服务能力的全面提升问题，可使研究视野更为广阔，思考更深入，内容更系统，并对实践更具指导意义。

参考文献

1 辞海编辑委员会. 辞海(1999年版普及本). 上海:上海辞书出版社,2002

2 张道祥. 当代普通心理学. 长春:吉林大学出版社,2006

3 阴国恩等. 普通心理学. 天津:南开大学出版社,1998

4,5,6,7,8 刘兹恒等. 现代图书馆管理. 北京:电子工业出版社,2010

9 杨勇. 全面质量管理理论在图书馆的应用进展以及图书馆管理应对. 云南图书馆(季刊),2006(1)

原载于《云南图书馆》,2011年第3期

试论转型期高校图书馆的多元一体化服务

一

目前,高校图书馆正处在由传统图书馆向现代化图书馆转型的重要历史时期。这一时期事实上是传统事物与新生事物并存的时期,因而事物往往呈现出多元化的格局。这种多元化在高校图书馆具体表现为:

(1)功能的多元化。高校图书馆发展到今天,其功能已经不仅是传统的保存文献和传递文献。随着科学技术的迅猛发展和学校教学、科研工作的实际需要,情报功能在高校图书馆日益显示出强大的生命力。与此同时,教育功能也得到了进一步的加强。高校图书馆不仅是师生学习的第二课堂,在强调素质教育的今天,高校图书馆在为培养下个世纪所需的能够自我更新知识、自我获取信息的新型的合格人才方面,还发挥着特有的用户培训功能。

(2)文献载体的多元化。电子出版物已越来越多地被引入了图书馆的文献收藏体系。同时,电子出版物并没有把图书挤出市场,相反印刷型资料仍不断增多。图书馆正在成为图书、录音录像制品、缩微资料、光盘以及数字化资料等文献资源并存的组合体。

(3)文献信息获取源的多元化。随着全球信息网络的建设,世界各地的文献、信息机构将联结为一个整体。对任何一个图书馆而言,其传递给读者的文献资料来源已不仅仅局限于一馆的收藏，而是网络上所有图书馆收藏的文献信息资源，网络上所有的图书馆都可成为某一个图书馆获取文献信息资料的源泉。

(4)读者需求的多元化。今天我们面对的是知识经济时代，高新技术的发展速度和知识增长速度极快，一向对新知识、新技术较为敏感的高校师生对知识、信息的渴求从来没有像今天这样迫切。同时，科学技术向高度专门化和综合化发展，师生在研究中往往需要涉猎更多领域的成果和方法，其需求呈现出高度专门化和综合化的趋势。

(5)服务项目的多元化。由于以上原因，服务项目的多元化也就成了必然。现在的高校图书馆不仅保持着传统的内阅、外借及书目查询服务，同时还担负着参考咨询、多媒体资料阅读、网络信息传送、情报检索、情报编译、情报分析、定题跟踪、回溯检索、课题查新、编制二/三次文献及读者导读、用户培训、开设检索课等多种服务，随着需求的不断增加，还将开拓新的服务项目。

(6)服务手段及方式的多元化。现代化技术的引入，使图书馆的服务手段和方式发生了重大的变革，尤其是计算机检索方式正逐步取代手工检索方式，然而手工方式并未完全被抛弃，因此出现了手工方式与计算机方式并存的局面。现代图书馆开放观念的形成，使许多图书馆采取了较为开放的服务方式，如大多数馆实行了开架服务、全天候服务及借阅合一的服务，甚至开放了珍藏、样本书库，但一些特殊的书刊仍然保持着传统的封闭式管理及服务模式。面对不同的技术条件、不同的读者对象、不同的载体形式、不同的用户需求，高校图书馆的服务手段和方式正在发生深刻的变化。

以上所述，既反映了转型期我国高校图书馆多元化格局的现实，也反映了转型期高校图书馆工作的复杂性。面对这一现实，高校图书馆现行的工作方式及服务方式是否与之相适应，需要进行认真的思考。

二

图书馆无论怎样转型,其宗旨都是为了向读者提供最方便最满意的服务。不管是图书馆自身还是读者都希望通过图书馆的转型实现全方位、多层次的高效、便捷、准确、全面的文献信息服务,如果不是这样,转型也就失去了意义。

今天的读者所面对的是转型期的图书馆,其多元化的格局带给广大读者的并不都是方便与满意。

比如,面对多种文献载体,一般的图书馆都采取分别管理、分别服务的模式,所谓图书、期刊、电子读物三条龙的管理服务体制。对于需要全面掌握某一特定专题文献的读者来说,在检索时就必须对书刊目录、电子出版物目录逐一进行检索,然后到许多分散的借阅点去获取一次文献的原件,往往是流通、期刊、阅览室都跑遍,也不见得满意。就目前高校图书馆的馆藏而言,读者所需的大部分一次文献可能根本不属于本馆馆藏,甚至也不属于本地区。如何获取分散在各处的不同形式的文献,常常是读者感到头疼的问题。

又比如,由于转型期是传统与现代并行的时期,新技术、新载体、新方法、新手段不断被引入图书馆,随着时间的推移,许多传统的东西退出历史舞台,读者不得不学会使用计算机,学会利用计算机进行目录查询,掌握电子出版物的阅读方式。需要深层服务的读者则需要掌握各种光盘数据库和联机数据库的特点和使用方法,学会利用先进手段进行情报检索,同时还要熟悉网络服务工具、浏览器等的使用方法,这对于习惯于印刷型文献及卡片型检索工具的读者来说又是一大难题。加上电子出版物的使用及网络文献信息的获取大多需要付出一定的费用,即使是不高的费用,也会使习惯于享受免费服务的读者不愿接受,进而认为还不如手工操作方便实惠。

诸如此类的例子还可以举出一些。从这些事例中我们看到,我们的服务工作与读者需求之间确实存在着某种程度的脱节。分析其原因,可以归结为两点:首先,我们采用的是图书、期刊、非书资料及非本馆文献各自为政的管理服务模式,一方面不同载体的文献由不同部门提供,各部门只熟悉本部门的文献;另一方面,信息咨询与情报检索部门一般另设,这些部门对于各部门馆藏亦不能全面了解,因而造成了信息咨询与检索、馆藏文献提供、读者培训等工作相互脱节。加上各部门各岗位实行严格的部门负责制和岗位责任制,长期将一人固定在同一岗位上,限制了馆员掌握多种信息和服务技能,造成馆员只能进行单一封闭式服务,最终使读者不能得到最满意的服务。而现代图书馆衡量服务质量的最主要标志正是能够提供最满意的检索服务和文献传递服务。

其次,当我们将先进的技术手段应用到图书馆时,比较注意的是对我们已有的服务会有些什么帮助,很少注意到引进一项技术就是引进一种新的服务方式,甚至是一种新的思想。我们较习惯于用现代技术去适应我们已有的各自为政的服务方式,而不习惯于认真研究我们的服务方式和服务思想如何适应现代技术手段以及我们应当如何充分利用现代化技术手段改进服务,使多元化的服务成为有机的整体,使读者真正感受到给自己带来的方便。

分析的结论意味着,高校图书馆为了适应现代化的需要并且最大限度地满足读者的需求,除了做好各项基础服务工作之外,必须在各个工作环节的连接上加强自己的工作,更重要的则是必须加强对各项服务的精心组织和安排,使之形成整体配合的有机体。我们将这一服务模式就称之为多元一体化的服务。

三

多元一体化的服务是目前国外许多文献信息服务机构普遍追求的一种服务模式。这一模式“大多集咨询功能、信息检索功能和文献提供功能于一体,用户只需坐在自己的计算机终端前,敲敲键盘,就可以直接下载或通过在线订购获得自己所需要的期刊文献或其他文献"[1]。我国的文献信息服务机构由于受网络通信条件及经济承受能力的限制,尚不能达到国外的水平,然而这一服务模式却显示出了越来越多的优越性。

多元一体化服务模式的理论基础是90年代以来在图书馆界流行的"全面质量管理"(Total Quality Management,TQM)思想的具体实施。"它是为了达到顾客的最高满意程度所进行的长期的、全面的和彻底的内部改进,使整个机构各个功能和过程从规划、组织、执行、服务到考核能够做到整体的配合,进而形成人人参与追求高品质服务的组织文化。"[2]这里所说的多元一体化服务绝不是将图书馆的各个服务项目进行简单的相加,它必须是通过服务工作的内部改进,使读者获得最高程度的满意。因而它应当做到:

(1)服务内容的整体化。多元一体化服务必须是将一个个服务单元根据需要通过精心规划与设计有序地组织起来,以满足顾客多方面、多层次的需求[3]。如在检索方面,集各种文献的检索以及各种手段的检索为一体;在读者培训方面,集用户导读、文献检索、情报检索培训为一体。如果条件具备,还可进行远程信息咨询及原始文献的提供,实现资源共享。最终将文献服务与情报服务融为一体,使信息咨询、情报检索、读者培训和文献提供得以整体配合。

(2)服务机构职能的综合化。多元一体化服务体系中各业务职能部门所履行的职责应当是经过精心安排的。各部门在完成本职工作的同时,也能进行相关服务。如文献提供部门,既能提供借阅服务,也应当能够解答读者在查找和利用文献信息的过程中遇到的问题和困难;信息参考部应当兼容用户教育、参考咨询、信息检索及文献提供等。

(3)服务方式与读者需求的协调化。多元一体化服务应当是以读者为中心的服务,强调的是使读者感到最便捷、周到、省力、高效的服务,同时在服务时间、服务手段、服务环境、服务设施、服务水平等方面都力求对读者具有较大的吸引力。另外,多元一体化服务应当是开放式的服务,强调服务方式与读者之间的相互默契,读者不必以馆员为中介,就可以进行自我服务。

(4)服务人员的多能化。多元一体化服务要求馆员们必须克服技能单一的弊端,做到一专多能。既是文献信息系统的组织者、建设者和传递者,又是文献信息使用的向导和顾问。只有这样才能做到真正的整体配合。

以上所述也反映了多元一体化服务的基本特征。

四

多元一体化服务体制是在图书馆的转型中逐步实现的,其实现的基础是文献信息服务的自动化与网络化。只有在自动化、网络化的环境中,才有可能实现真正的多元一体化服务。反之,如果在自动化、网络化环境下,仍然延续以往的服务模式,图书馆的转型就只是停留在了管理的水平上,而没有在读者服务方面发挥出应有的作用。目前,我国高校图书馆自动化、网络化发展速度较快,大部分高校图书馆都程度不同地实现了计算机管理,在国家的统一部署下,"八五"期间建成了教育科研网(CERNET),"九五"期间又启动了中国高等教育文献保障体系(CALIS)建设项目,为高校图书馆实现多元一体化服务奠定了一定的基础。

实施多元一体化服务的关键是进行长期、全面和彻底的"内部改进"[4]。所谓"内部改进",除了积极进行自动化、网络化及服务手段的现代化建设外,最重要的就是要进行机构重组和工作重组。1997年,清华大学图书馆对长期实行"一条龙"管理的期刊部进行了改造。首先将期刊采访、编目及刊名信息的计算机录入工作划分到采访部,其次将阅览、参考咨询等归入信息参考部,与原信息参考部的工具书阅览室、文献检索室共同组成了"一个既能提供文献检索书刊的一般参考工具书，又能提供中外文期刊文献；既能提供印刷型载体文献，又能提供数字文献和网络文献；既能咨询又能培训的部门”[5]。这是清华大学图书馆在实施多元一体化服务战略中的大胆尝试，一年多的实践证明他们的尝试是极其有益的。

多元一体化服务要求有一岗多能的高素质的服务人员队伍，因此实施多元一体化战略始终要把扩充和提高馆员的知识和技能放在十分重要的位置。面对全新载体的文献、全新观念的读者、全新学科知识的咨询，馆员必须能够应用全新的手段和全新的方式进行解答。与此同时，图书馆还应当打破传统管理模式，“将一人一岗的岗位责任制改变为一人多岗的岗位责任制……这样做不仅扩充和提高了馆员的知识和技能，十分有利于青年馆员的成长，而且由于岗位的交叉，增进了相互了解，非常有利于做到整体的配合”[6]。应当说，高素质的一岗多能的人才是进行多元一体化服务的保证。

多元一体化服务的核心是以读者为中心。应当明确，图书馆由传统向现代化的转型是一项实实在在的工作，它不仅是用现代化的技术手段装备图书馆，更重要的还在于要将适合图书馆发展的现代管理思想引入图书馆，从而达到为读者提供最满意的服务的目的。这里存在着从传统的以管理为中心的观念向现代化的以读者为中心的服务观念的彻底转变，这一观念的转变将使我们的服务从封闭走向开放，从单一功能走向多功能，从文献的重藏轻用走向文献的充分利用，从用各种规章制度限制读者走向为读者提供一切方便。只有这样，图书馆的转型才落在了实处。

多元一体化服务包含着全新的管理思想和服务理念，具有极强的现代意识和现代观念。“图书馆管理人员就是要不断地借鉴管理科学的理论与实践，寻求经营图书馆的新理念和新方法”[7]，作为转型期的高校图书馆更应当注重对新思想和新方法的深入学习和探讨，并在工作中大胆实践，使之在理论上更加完善，实践上更具指导意义。

参考文献

1,3,6　承欢,林佳. 谈谈图书馆转型期的期刊服务工作. 大学图书馆学报,1998,16(3)

2,4　李华伟. 现代化图书馆管理. 台北:三民书局,1996

5　高曼. 以读者为中心,以主动服务为目标——清华大学图书馆信息参考部的机构设置. 大学图书馆学报,1998(3)

7　吴建中. 21 世纪图书馆展望——访谈录. 上海:上海科学技术文献出版社,1996

原载于《大学图书馆学报》,1999 年第 4 期

转型期我国高校图书馆服务方式的转变

伴随着知识、信息时代的到来以及现代信息技术、计算机网络技术、电子多媒体技术等高新技术手段在图书馆的广泛应用,高校图书馆正在经历由传统、单一、封闭型图书馆向现代化、多功能、开放型图书馆转变的重要历史时期。在转型期,"不管我们在战略规划、内部机制、人事管理等方面采取了哪些新的方法,最后都要反应在图书馆服务质量上"[1]。服务质量是图书馆自我形象塑造和自我价值实现的重要内容,是图书馆存在的生命线。服务质量的优劣很大程度上取决于服务方式,因为服务方式是现代图书馆办馆思想、办馆效益及服务观念的具体体现,是现代服务技术手段能够得以充分利用的关键,也是读者对服务质量最直接的体验。面对转型期新的环境、新的需求、新的技术手段,认真研究新的服务方式是当今图书馆学的重要课题,应当给予高度重视。

1 我国高校图书馆现行服务方式分析

我国高校图书馆现行的服务方式有很深厚的传统思想的影响。众所周知,我国图书馆事业的发展历史悠久。早在周朝就有了所谓的"藏室",相当于今天的国家图书馆。藏室的主要功能是庋藏典籍,兼及整理文献,其服务功能微乎其微,更没有系统的服务方式。经过数千年的发展，无论是国家、官府藏书机构还是私人、书院、寺院等藏书机构都有了很大的发展，然而却始终以典藏和整理文献为主要功能。直到 19 世纪末，这种状况才有了改变。

19 世纪末是我国图书馆事业由古代藏书楼向近代图书馆转型的重要历史时期。由于西学东渐以及社会变革的影响，各藏书机构提出的最响亮的口号就是"面向公众开放"。这一口号的提出和实施，促进了近代图书馆的诞生。近代图书馆不同于古代藏书楼，其最大的特点就在于它具有了服务功能。尽管其服务方式仅限于馆员根据读者提出的借阅要求为读者找出所需书刊，并办理外借或内阅手续这种方式，但毕竟在我国图书馆的发展史上是一种了不起的进步。

我国高校图书馆是在 19 世纪末 20 世纪初近现代高等学校创办的基础上建立起来的，至今仅百年。它既接受了近代图书馆"面向公众开放"的办馆思想，同时也根深蒂固地继承了古代藏书楼庋藏典籍的传统思想，因而在向师生提供借阅服务的同时，仍然表现出很强的收藏和管理典藏的功能，服务方式单一、封闭而被动，究其核心仍然是传统的以管理为中心的思想。

20 世纪 70 年代中后期，随着高等教育的改革、社会环境的变化、读者需求的增加和技术手段的更新，传统的服务方式已越来越不适应。人们希望图书馆不仅能够提供书报刊的借阅服务，同时也能提供文献情报服务，即人们不仅希望从图书馆能得到原始文献的服务，同时也希望得到关于某一专题的文献信息或状态的服务。此外，人们希望不仅从馆员的服务中得到所需的书刊，更希望能自行在书库中翻阅自己所需的资料，即所谓的自我服务。在形势的驱动下，高校图书馆提出了图书情报一体化的服务模式，以及健全服务体系、变被动服务为主动服务、利用先进的技术手段开展多形式服务等要求。并将其先后写入了 1981 年和 1987 年颁发的《高等学校图书馆工作条例》和《普通高等学校图书馆工作规程》中。至此，高校图书馆的服务在传统基础上有了许多新的发展，功能更加齐全，方式更加多样，内容也日趋深化。如在借阅服务方面，绝大多数馆实现了开架或半开架服务。为缓解供求矛盾，提高文献利用率，许多馆采取了“内阅为主，外借为辅，借阅合一”的服务方式，有些馆还开放了珍藏、样本库，并实行了全天候服务。在参考咨询服务方面，加强了读者导读工作，采取了编制各种专题文献书目索引，辅导读者查阅专题文献资料，为读者开设各类辅导、讲座及文献检索课程，举办各种展览，建立读者服务咨询台或咨询室等方法为读者提供服务。在情报服务方面，开展了定题服务、跟踪服务、编译服务、课题查新服务、回溯检索服务、情报分析服务等项目，使服务的形式更加多样，内容更加丰富。尤其近年来，服务方式又有了新的发展。开架借阅的范围更加广泛，管理更加完善，借阅服务的方式更加灵活，技术手段也更加先进。参考咨询服务也由原来是事实性、知识性咨询发展到了专题性、情报性咨询。情报服务更加强调针对性和主动性，已由一般的情报服务发展到了情报调研服务、专题数据库服务以及文献信息开发服务等。

综上所述，高校图书馆正在努力摆脱传统办馆思想的束缚，其服务方式正在由单一、封闭、被动走向多样、开放和主动。但是，由于传统图书馆那种以藏为主的藏书楼式的办馆思想影响较深，大多数的高校图书馆在服务方式上仍然习惯于以管理为中心，不习惯于以读者为中心。如习惯于封闭式的服务，不习惯于开放式服务，尤其不习惯于馆际间的共享服务；习惯于等客上门式的服务，不习惯于主动出击式的服务；习惯于各自为政的单项服务，不习惯于相互联系的全方位一体化服务。在文献的管理利用方面习惯于考虑文献的收藏价值及如何收藏的问题，不习惯于考虑如何发挥文献的作用，使之更好地为用户服务。与此同时，对于新技术、新载体引进后带来的一系列新的服务方式适应性差。习惯于传统手工操作环境下的服务方式，不习惯于现代化环境中的服务方式；习惯于利用看得见摸得着的文献进行服务，不习惯于虚拟化图书馆、电子图书馆的利用和网络信息服务；习惯于在服务中仅限于一馆的个别行为，以本馆馆藏满足本馆读者的模式，不习惯于将所有文献信息机构作为一个大图书馆系统来加以利用。凡此种种，直接影响着图书馆的服务质量以及图书馆的办馆效益。

2 进一步转变高校图书馆的服务方式势在必行

今天的高校图书馆面临着新世纪的挑战，许多因素要求高校图书馆必须转变现行的服务方式。

2.1 社会环境与读者需求的变化

今天我们面临的是在知识经济时代，高新技术发展速度和知识增长速度极快，一向对新知识、新技术较为敏感的高校师生对知识、信息的渴求从来没有像今天这样迫切。同时，科学技术向高度专门化和综合化发展，人们在研究课题的过程中往往需要利用许多领域的成果和方法。虽然相当一部分师生对图书馆的利用仍然满足于借到一册特指的书和阅读一本自己喜欢的杂志，但是随着知识需求的变化及研究活动的深入，他们中的大多数都希望用最省事的方法、最快的速度得到最全面、最准确的文献信息资料。面对浩如烟海、迅猛增长的文献信息资料，师生往往会感到束手无策。以传播知识、信息为己任的高校图书馆当仁不让的应当担负起满足人们需求的重任。但是高校图书馆目前的服务方式却不能满足这种需求。首先是服务方式较为封闭，存在着严重的各自为政的弊端。读者在查询某一专题时也许在同一图书馆就要跑无数个借阅点，期刊、流通、阅览室都跑遍，也不见得能满意。其次是服务方式较为保守，各图书馆之间尚未形成方便实用的资源共享服务体系，读者必须亲临，且手续烦琐。其三是过于追求严格管理，借阅手续复杂，给读者造成很大不便。最后是大多数馆员习惯于单一岗位的单一服务内容和方式，更多考虑的是分由我管的这部分馆藏我如何管好、用好，而不熟悉其他岗位的工作内容和方式，更不了解全面的馆藏情况，因此难以满足用户的需求。

2.2 文献载体的变化

现在信息技术的广泛应用，带来了文献信息载体的一场革命。现在图书馆不仅收藏有传统纸质的印刷型文献，而且已开始关注以磁介质、光介质等为载体的光电型文献，如磁盘、光盘、胶片等。随着计算机技术、网络通信技术的发展，图书馆还注意到了非物理形态的文献资源，即所谓虚拟化的网络信息资源。图书馆的信息资源载体正在向多元化方向发展，为了适应多元载体的不同特点，图书馆必须考虑使用不同的服务方式。目前，各图书馆在提供不同载体的文献信息服务过程中，基本采用的是各自为政的方式，即印刷型文献、电子型文献分别管理，分别开展服务活动的方式。这种方式对于图书馆的管理以及还不能全面实现自动化管理的图书馆而言，不失为好的方式。但从读者角度考虑，如果想通过图书馆的服务，以最快的速度、最便捷的方式，获得最有用、最全面的信息，各自为政的方式就难以满足了。如何能够在服务方式和手段上将管理在不同部位不同载体的文献融入一个统一的服务整体，使读者在接受服务时对不同载体并没有明显差异感，这是我们需要研究的重要问题。

2.3 文献传递手段的变化

由于用户需求的变化，文献载体的变化，加上技术环境的改变，使文献传递的手段正在发生着深刻的变化。传统图书馆靠手工传递手段只能完成的一般的原始文献的检索、借阅方式，逐步转向了依靠现代技术手段进行的既能完成传统图书馆的借阅、查询功能，又能通过计算机强大的联网功能，实现网络信息的检索、全文数据的提供等。这些新功能的出现，迫使图书馆从传统只满足于一般借阅及一般检索的服务走向更高层次、更深内容的服务。

总之，服务方式的改变是社会发展的需要，也是技术进步的必然结果。高校图书馆应当努力把握社会发展及技术进步带给图书馆的机遇和动力，以满足新环境下新的读者需求，使图书馆的服务功能得到最充分的发挥。

3 转变高校图书馆服务方式的切入点

从以上分析中我们已经找到了目前我国高校图书馆在服务方式上存在的弊端及种种不适应性，如何克服弊端并适应当今社会发展的要求，是我们要特别讨论的问题。

为了讨论的方便，我们有必要对图书馆服务方式发展的大趋势有所了解，以便确定我们转变服务方式的方向。中国科学院文献情报中心主任徐引篪研究馆员曾组织我国著名的图书馆学专家对图书情报事业的未来进行了讨论，讨论中涉及新的服务类型时，专家们认为："伴随着计算机、通讯、网络、多媒体等现代信息技术的广泛应用，必然会出现一些新的图书馆服务。"专家们预言："信息中介服务、电子文献传递、联网信息检索、按需定制信息服务、图书情报机构利用电视频道提供服务、虚拟图书馆服务、用户指导服务、电子书刊服务、电子化的导读服务、农村信息服务等，将是极有发展前景的新图书馆服务。"同时，专家们几乎一致认为："现有的图书情报服务类型不会消失，但有些服务工作的内涵和外延会发生变化，有些服务类型会逐渐淡化、弱化或转化。如传统的流通外借服务、各馆独自分散的文献采编和标引、缩微文献阅读等可能会大大减少，卡片目录的使用也会逐渐减少。产生这些变化的原因，简言之就是经济的发展、社会的需求、信息技术的广泛应用以及图书馆适应新的信息环境而产生的自我变革。"[2]

从专家们的讨论中我们明显地看到：随着社会发展及技术环境的变化，图书馆将出现许多新的服务类型。我们同样也看到：这些新的服务类型几乎都是围绕着新技术的引进以及图书馆的自动化、电子化、数字化、网络化产生的；即使是传统的服务类型，如借阅服务、情报咨询服务、文献深层开发服务、文献传递服务等，也将在新技术环境中日益更新和转化。就服务方式而言，它是服务类型的具体体现，它必然要适应新的服务类型，并伴随着传统服务类型的更新、转化以及新的服务类型的出现而发生变化。新技术的应用既是传统服务类型转化和新服务类型出现的动力,同样也将促进服务方式发生变化。由此可见,新的服务方式是在新的社会需求和新的信息技术环境下出现的,是新信息技术广泛应用于图书馆的产物。因此,发展以现代化技术手段为动力的服务方式便成为服务方式转变的大趋势。换言之,服务方式的转变必须依托先进的技术手段,必须以先进的技术手段为动力,与此同时,服务方式的转变也将促使现代化技术手段在图书馆发挥更好的效益。当新技术与图书馆的服务完全融合后,图书馆的服务将发生质的飞跃。现代化技术手段显示在服务方式方面的种种优势使图书馆将完成许多在手工环境下根本无法完成的工作,同时也将克服传统服务方式无法克服的弊端。

有了对服务方式转变的大趋势的认识以及对服务方式转变的动力的认识,我们想要找到转变服务方式的切入点也就不困难了,即:转变服务方式必须从新技术的应用入手。目前,我国的高校图书馆正处于转型的重要时期,在这一时期,努力把握好服务方式转变的切入点,无疑是非常重要的。

4 加快现代化建设步伐,促进高校图书馆服务方式的转变

如上所述,自动化、电子化、数字化、网络化等一系列新技术应用于图书馆的服务工作中,将完成许多在手工环境下无法完成的工作,使图书馆的服务工作发生质的飞跃。如:现在信息技术强大的功能,可以使所有的文献信息机构联为一体,使图书馆的服务由封闭走向全面的开放,使实现真正意义上的全球性的资源共享以及远程服务成为现实;凭借先进的数字化技术,可以将书目信息、报刊篇名信息、光盘信息、专题文献信息、馆藏信息,甚至馆藏文献全文信息进行数字化处理,一方面可实现全球文献信息资源的共知、共建、共享,起到深层开

发和利用文献资源、保护文献资源的作用，同时也可将各种类型、各种载体的文献通过计算机融为一体，打破各自为政的服务方式，实现多元一体化的检索及服务[3]。总之，现代信息技术应用于图书馆，必然会带来图书馆服务方式的重大变革，带给图书馆许多新的服务内容和服务方式，同样也会给读者带来前所未有的方便。正因为如此，加快图书馆的现代化建设步伐将成为图书馆转变服务方式的关键所在。

加快现代化建设步伐的内容是多方面的。其一，当然是新技术的引入和应用。没有新技术的引入和应用，实现现代意义上的服务方式的转变便是一句空话。其二，是现代意识的形成。这里所讲的现代意识，是指主动、自觉地将现代技术与服务工作融合在一起的意识，即以新技术为支撑，不断发掘新的服务内容和服务方式，使新技术的功能得到最好的发挥的意识。其三，是要建设具有现代观念、现代意识、现代技能的馆员队伍。具有现代观念、现代意识的馆员必须明确树立读者第一、服务第一的意识，必须从传统的以管理为中心的观念中解放出来，必须能将现代信息技术应用于服务工作的改进中。最后我们必须建立起保障图书馆服务方式正常运行的机制。现代服务方式的建立必须要有现代运行机制来保障。

我国的高校图书馆由于地域、环境、经济实力、技术条件等不同，在发展上极不平衡。技术条件、经济实力强的图书馆，如清华大学、北京大学、上海交大、东南大学、南京大学等国内一流的大学图书馆，在服务方式的转变上已走在了全国的前列，并积累了较多的经验，国外因现代化起步较早，也有许多经验值得借鉴。在技术条件不断提高的推动下，我们应不断借鉴先进的经验，在为教学科研以及全社会提供优质服务的工作中做出更大的贡献。

参考文献

1 吴建中. 21 世纪图书馆展望——访谈录. 上海：上海科技文献出版社，1996

2 徐引篪. 图书情报事业的未来——2010 年发展预测. 合肥：中国科技大学出版

社,1998
3 杨勇.试论转型期高校图书馆的多元一体化服务.大学图书馆学报,1999(4)

原载于《图书馆转型的思考——云南大学图书馆学术论文集》,云南大学出版社,2002年12月

网络环境下信息获取的非规范行为以及有效控制的目标和原则

网络环境下,人类获取信息的方式发生了巨大的变化,出现了许多新特点。信息获取过程中种种非规范行为的出现,对网络环境的健康发展以及信息的有效获取和利用产生了极大的影响。如何规范人类信息获取的行为,成为信息社会关注的重要问题。

1 网络环境下的信息获取

1.1 网络环境下信息获取的定义

美国著名学者博格曼教授给网络环境下的信息获取下过一个很有意义的定义,即:“对某一计算机网络和可获的内容加以连接,技术具有可用性,用户具有必要的技能和知识,而内容本身的形式也具有可用性和实用性。”[1] 这一定义不同于一般语境中所讲的信息获取。我们直观的认识中,信息获取是寻找和拿到信息、利用信息的过程。博格曼教授的定义则将这一过程与技术紧密联系,从信息获取的整体性行为上,突出表述了网络环境下信息获取的特点和内涵。她所涉及的几个重要问题,对我们研究信息获取行为的规范问题将起到作用。

1.2 网络环境下信息获取的特点和内涵

1.2.1 计算机网络与可获内容的可连接性

博格曼教授所下定义的基本点是网络环境下的信息获取具有计算机网络与可获内容的可连接性。网络环境需要技术的支持,可获内容则是网络中所提供的信息,当网络与可获内容连接后,也就为用户构筑了一个获取信息的网络环境。可连接性既是技术问题,也是信息内容的获取问题,涉及网络设计者的技术应用规范和网络信息提供者的行为规范问题。网络设计者在技术上提供可用的技术和服务,能为用户所接受和利用,同时对使用者的权限给予限定;信息提供者应保证提供的内容符合规范要求,其内容的表现形式也是可用和实用的。信息提供者通过收集和组织信息,构成网络可获信息,这实际是一个信息获取的过程,因而网络信息的提供者既是信息提供者同时又是信息获取者。其双重身份告诉我们,如果从源头上规范信息获取行为,不可不注意网络信息提供者的行为。

由可连接性出发,我们可看到以下更具实际意义的特点。

1.2.2 技术具有可用性

从理论上讲,计算机网络及其内容"如若被认为具有可获性,就必须能被'所有公民'使用,而不是专为技术专家们设计"[2]。这对网络技术的设计者们提出了用户使用的公平性问题。如果我们从整体性方面考察信息获取行为的规范问题,不可忽视技术行为。信息的获取者要求人人享有公平利用技术、公平获取信息的权利,但事实上这种权利常常被技术所限制。

1.2.3 用户具备应用能力和知识

并不是所有人都能利用网络所提供的所有信息和服务,因为信息"获取受到人们利用技术和可获信息能力的限制"[3]。信息提供者在扮演信息获取者的身份时,会受到技术和信息获取能力和知识的限制,使网络可获信息的内容和表现形式不一定完全满足用户需要;用户受技术和能力的限制,不可能使信息获取行为达到最有效。在技术和能力的限制下，信息获取事实上是不公平的，这为信息获取过程中非规范行为的产生提供了土壤。

1.2.4　信息内容的表现形式具有可用性和实用性

信息内容的可用性和实用性是有效获取信息的条件，也是信息提供者和用户共同追求的目标。“信息如若是‘可获得’，那它就必须能够供人们以某种形式检索。”[4]网络应当“为所有信息提供商和用户服务”[5]，这不光对网络提出了技术和行为要求，也同样对信息提供者和用户的行为提出了要求。

1.2.5　信息的公开获取性

计算机网络与可获内容的可连接性给了我们这样的启示：从网络所具有的可连接性及通用服务的目标出发，公开获取有效的信息和服务，是网络连接的重要意义所在。博格曼教授的思想来源于对通用服务的研究，通用服务的基本思想就在于“公开获取”，将这一思想应用于网络信息获取中，信息的公开获取便成为网络环境下信息获取的重要特点之一。

1.2.6　信息获取系统的开放性与共享性

因为网络环境的形成，信息获取技术的可用性以及信息获取的公开性等特点，无疑带来了信息获取系统的开放性和共享性，全人类将共享信息基础设施建设的好处。

1.3　信息获取活动中人的作用

信息获取是一个复杂的过程，具有综合性、整体性以及信息提供者行为要求和用户行为要求等特点。信息获取过程是以人为活动主体的行为过程，其行为所面对的不仅是网络及网络中所载的信息，同时还将面对来自各方面的人际关系的调整。计算机网络的建立是人的活动的结果，人可以不断完善信息获取的基础设施（网络）和与之相连接的信息系统、服务内容；可以从信息网络中不断获取可用的服务和信息，同时为他人提供新的信息和服务，为人们创造良好的网络信息环境。反之因为人的作用以及人的不规范信息行为的影响，也可导致网络环境的恶化。研究人在信息获取活动中的行为,对网络环境下信息获取行为规范问题的研究具有重要意义。

2 网络环境下信息获取的非规范行为

2.1 网络环境下信息获取的非规范行为界定标准

网络环境下信息获取行为的主体是人,包括了网络设计者、网络管理者、信息生产者、信息组织者、信息提供者、信息用户等。各主体之间存在着利益关系,既有共同的利益,也有各自的利益。网络环境中各主体之间为了共同的利益,需要有共同遵守的行为规范;各利益团体为了各自的利益不受影响,也需要建立相互遵守的协议或规则,即行为规范体系。行为规范体系的建立首先必须对信息获取过程中的非规范行为有所认识,对信息获取过程中的规范行为与非规范行为进行界定。在此,选择行为规范的界定标准是一项困难的工作。

2.1.1 公平标准

公平获取信息的原则,是信息获取行为中利益平等的原则,其基本点就是人们在信息获取行为中不能侵害他人利益。这里我们不妨将此原则作为界定非规范行为的标准之一,明确告诉人们:信息获取中的非规范行为就是那些违反了公平原则、侵害了他人利益的行为。

2.1.2 道德标准

事实上,是否遵守公平原则在很大程度上还受到人们道德素质的影响,这涉及伦理道德问题。伦理道德是指人与人、人与社会之间的各种行为准则。在信息社会中,人与人之间、人与社会之间的道德准则,实际由人在信息社会中的行为规范来体现。以人类社会的基本伦理道德以及信息活动中的公平性思想为准绳,对信息获取行为中的非规范行为进行分析和界定,将具有更深刻的内涵。

2.1.3 技术因素

网络本身的技术、功能特点,对人的信息行为同样有重要的作用,网络环境特有的开放性、虚拟性、共享性等特点，在给人们获取信息带来便利的同时，也对传统社会的行为规范带来了冲击和挑战。从一定意义上讲，网络本身的技术特点还是“催生道德冲突的物理土壤”[6]。我们在界定网络环境下信息获取的行为规范时，不能不考虑技术因素。

2.2 网络环境下信息获取的非规范行为及其产生的原因

网络环境下的信息获取行为，主要涉及信息检索、信息采集、信息提取、信息分析、信息重组、信息利用、信息再生产等环节。这些行为主要由网络设计者、网络管理者、信息生产者、信息采集者、信息组织者、信息提供者和信息用户等在不同环节上交替实现。信息获取的非规范行为在以上各个环节都有可能产生，其产生的原因也是多方面的。

2.2.1 网络技术的先天不足

网络设计者和管理者提供的网络环境有可能在技术上先天不足，安全性不高，漏洞、后门普遍存在，在设计管理中本身就会诱导非规范行为的发生。信息网络技术中存在着可大批量复制的特点，常常导致侵犯他人知识产权行为的发生。网络的开放性、匿名性及设防不严，常常使网络中充斥着大量的垃圾信息和不良信息，正常的信息获取行为被大肆干扰。信息采集、检索、重组及传播手段的先进和便利，使信息查寻者、检索者极易进入他人禁区，在猎奇心理的驱使下，常常发生个人信息被盗、侵犯个人隐私、涉足商业机密、不经允许进入他人计算机系统获取信息的事件。网络的公开、开放、共享带来了便利，人们可以不经授权获取许多信息，但对信息所有者的利益及所有权是一种侵犯。

2.2.2 社会发展不平衡

当今世界各国政治、经济、文化、教育发展极不平衡，发达国家和地区占有世界上大多数的信息资源。网络环境的优越，网络技术的先进，使得发达地区能获取更多更有效的信息资源。网上资源的90%以上为英文,使得非英语国家的人群获取信息成为困难。发达国家和地区以及信息所有者对信息资源形成了垄断,造成了事实上的信息获取不平等,往往导致非规范获取行为的产生。由于信息资源的垄断,使信息资源获取的费用极昂贵,导致人们以非规范手段去获取信息,如进行非法复制、非法下载、非法进入网络等手段。尽管发达国家采取了许多措施,对信息及其所有者进行保护,但事实上信息占有和获取的不平等,仍然会导致人们信息行为的失范。

2.2.3　信息获取活动主体的利益驱使

信息具有极高的资源价值,可以转化为资本。人们在信息获取过程中,受利益驱动,往往会产生侵害他人利益以获得更多个人利益的行为。有些信息提供者(商)为了扩大自己的影响,获取更大的利润,不经授权便盗取他人信息,进行重组后提供上网服务。有些信息用户为了显示其获取信息的能力及技术的高超,非法进入他人计算机系统获取信息或破坏系统。利益集团之间为了争夺信息市场,利用各种手段获取对手的秘密信息,而在商战中打败对手。也有一些号称学者的信息用户,背离科学精神,沽名钓誉,大量利用网络获取信息,窃取他人成果,却不注明信息来源。也有人专门从网上盗取信息,并上网发布,低价供给信息用户,既损害了信息消费者的利益,也损害了信息所有者的利益。

2.2.4　道德的偏离和行为失范

目前,网络伦理道德规范主要依赖于网络礼仪、网络规范和网络原则。网络礼仪"是指在网络上通过电子媒体而体现的、规定的社会行为和方式,它是网络交往中人们所能找到的能使网络社会正常运行的系列规则和行为方式";网络规范"是指网络社会中,人们约定俗成或明文规定的行为标准,是网络礼仪的升华,是网络道德评价的标准";网络原则"是网络礼仪和网络规范的集中概括,是网络伦理关系的集中体现"[7]。在网络信息活动中,如果人人都遵守网络礼仪、规范与原则,信息获取的非规范行为将会受到控制。但往往是网络礼仪、规范、原则并不完善,传统的道德规范又不完全适用,"导致网上行为既不受旧规范的约束,又无新法可依的真空现象"[8],既危害社会,侵害他人利益,影响网络发展,同时由于道德缺失,也损害了自身。

3 信息获取过程中非规范行为有效控制

3.1 国际社会对网络信息活动中非规范行为的控制

有效控制信息获取中的非规范行为,是当前世界性难题。非规范行为不同于违法行为,许多时候不适宜用法律、法规条款加以控制和调适。非规范行为主要表现为对他人利益的侵害、道德偏离和行为失范,国际上也主要采取信息伦理规范加以控制。如美国计算机协会(Association of Computing Machinery,ACM)规定的伦理守则;美国计算机伦理协会规定的计算机用户在网络系统中应遵守的10条行为准则;英国计算机学会(British Computer Society,BCS)制定的信息伦理准则;日本电子网络集团(Electronic Network Consortium)发布的《网络服务伦理通用指南》等[9]。

以信息伦理来规范信息获取行为,获得了一定的效果,但因缺少法律的强制约束力,因而在有效控制网络非规范行为方面仍然存在很多问题。非规范网络信息行为是一种普遍存在的隐蔽性极强的社会现象,因此一时还难以消除,只能加以控制。为有效控制网络环境下信息获取中的非规范行为,各国都有必要制定切实可行的与道德行为、法律法规相适应的网络信息获取管理条例,提出网络信息获取行为规范管理的依据和基本要求,制定相应的处理办法。

对网络信息获取行为规范管理的有效控制目标和原则进行深入的研究,将从理论上提供一定的参考,同时也有助于规范条例的制定和实施。

3.2 非规范行为有效控制的目标

3.2.1 使人人都能平等获取信息

网络环境下的信息获取强调公平原则,而非规范行为实际造成信息获取的不公平。为了有效控制非规范行为,必须确立平等获取信息的目标。尽管完全的平等是不可能的,但作为目标的确立却是非常重要的。在网络信息世界中,人人享有平等获取信息的权利,有效控制非规范行为首先应当将目标定位于使人人平等获取信息。

3.2.2 使行为主体各方利益不受损害

有效控制和规范信息行为,必须将维护行为主体各方的利益作为目标之一。社会伦理道德最重要的内核就是要协调人与人、人与社会之间的关系,使人们能够和谐相处。网络规范以伦理道德调适,实际就是要达到互惠互利,使他人利益不受侵害的目标。

3.2.3 使网络健康发展

非规范行为对网络及其应用的发展危害极大。首先对网络系统会造成危害,非规范行为一旦升级为对网络的攻击,则将严重破坏网络系统,对网络形成威胁。其次会造成网络信任的危机,网络规范体系原本就比较脆弱,其诚信体系也不健全,非规范行为将会加剧人们的不信任感,不利于网络发展。有效控制信息获取过程中的非规范行为,必须确立能使网络健康发展的目标。

3.2.4 实现人类社会的共同发展

网络信息获取应当遵循通用服务的原则,而通用服务的主要原则就是"公开获取"。美国关于国家信息基础设施的国家声明和国际声明以及七国集团有关全球信息基础设施的声明都指出要保证"对于网络的公开获取"[10]。公开获取的结果是信息资源的共享,最终目标是求得人类社会的共同发展。规范网络环境下的信息获取行为,必须以此为目标。

3.3 非规范行为有效控制的原则

3.3.1 公平原则

作为有效控制非规范行为的第一原则,公平原则既是信息活动主体的权利,也是信息活动主体的义务。网络赋予每个信息用户平等获取和利用信息的权利,同时每个信息用户也应当履行维护网络信息公平的义务。在公平原则下，网络规范应当制定行为主体的权利、义务；制定公开、公平、共享信息的规范，使社会所有成员能享受到网络环境带来的好处。

3.3.2　统一原则

有效控制非规范行为应当注意政策的统一以及与法律的相适应性。同时网络行为规范还应当遵循国际原则建立统一标准，各国应当在国际标准的指导下，建立自身的规范体系。

3.3.3　适用原则

各国网络发展不平衡，人们所接受的教育以及受不同文化影响产生的伦理道德规范也有差异，在制定有效控制信息获取行为规范时，应当注意到这种差异，在基本统一的原则下，形成各自可以操作的规范。

3.3.4　无害原则

首先是他人利益不可侵犯。这不仅是信息行为规范的要求，也是社会伦理道德的基本要求。其次是他人权利不可侵犯，即不侵犯他人公平利用信息的权利，不侵犯隐私权、知识产权等。其三是不得造成网络危害。

3.3.5　发展原则

规范信息获取行为的最终目的是为人们提供更好的网络环境，使网络社会更健康有序的发展。网络发展的动因之一便是人类社会的行为影响，积极、规范的行为可促进网络发展，反之会对网络造成危害。信息社会的发展，要求网络规范原则的制定不能不考虑网络的发展。

以上原则相辅相成，对信息获取的非规范行为将起到有效控制、规范管理的作用。然而信息获取非规范行为的有效控制，还必须有相应的法规加以约束，尤其是对于恶劣的网络信息获取行为，触犯了法律，则更需要依法进行管理。涉及法律问题，不可不注重政府在规范制定和政策引导方面的作用。随着信息化社会的发展，各国政府应当也必须在此有所作为。

网络环境下信息获取的行为规范问题是一个复杂的问题，深入进行研究，对于网络行为规范、网络社会发展以及现代人格的培养都将产生积极影响。对该问题的研究，涉及信息行为、网络行为、道德规范、法律规范以及网络技术等问题，应当体现综合研究、整体研究的成果。希望通过研究，能够对营造良好的网络环境，形成新型的信息行为道德风范起到一定的帮助作用。

参考文献

1,2,3,4,5,10 [美]克里斯廷. L. 博格曼；肖永英译. 从古腾堡到全球信息基础设施：网络世界中信息的获取. 北京：中信出版社，2003

6,7,8 杨莉. 网络伦理及其技术考量. 社科纵横，2005(8)

9 杨绍兰. 发达国家信息伦理学研究的现状及其启示. 情报海外，2005(7)

原载于《档案学通讯》，2007 年第 6 期

数字时代大学生的信息素质教育

——基于知识结构优化的思考

1 引言——由一项学生作业引发的思考

在笔者所承担的“信息服务与用户”课程教学中，曾向学生布置了一项作业：云南某大学图书馆各类文献资源数据库服务及利用情况调查分析。作业要求学生以3－5人为一组，自由组成调查小组，对选定的云南某大学图书馆的各类文献资源数据库服务及利用情况开展用户调查。该项作业先后在2004－2006级的授课班级中进行，三个年级先后共有119位同学组成32个小组分别对不同学科、专业的1282名大学生用户进行了调查分析。大多数调查小组都设计了你对本校图书馆的文献数据库是否了解，本校文献资源数据库有哪些种类，你平时是否利用这些文献资源数据库，你会使用文献资源数据库吗，你平时获取信息主要通过什么渠道等一些基本问题。调查显示：约74%的同学不了解或说不清什么是文献数据库；约78%的同学不知道本校图书馆有哪些文献数据库可使用，少数同学能点出一些数据库的名称，但从没用过；约79%的同学主要通过搜索引擎浏览信息；约76%的同学从未使用过文献数据库，也不知如何使用；69%的同学不知道用什么方法获取文献资料最有效。这些问题看似是大学生在利用文献数据库方面出现了问题，实际却反映了许多大学生存在着严重的信息素养缺失问题，也从一定程度上反映出大学生信息素质教育方面存在的问题。如:缺乏基本的信息意识、信息观念、信息觉悟;对数字时代信息获取的渠道和方式缺少基本的认知常识;不能有效地发现自身的信息需求,并主动寻找信息;缺少与数字时代相适应的有效获取和利用信息的能力等。正是鉴于该项作业所反映的问题,笔者认为有必要重新审视大学生的信息素质教育问题,尤其是数字时代大学生的信息素质教育问题。

关于信息素质教育问题,国内外在理论和实践方面都取得了许多重大进展。理论上重点讨论了信息素质的概念、内涵,信息素质教育的内容、方法、评价标准等;实践中则开展了广泛的信息获取和利用的意识培养、技能训练和道德教育。绝大多数高校都将文献检索课作为大学生的重要素质课程,图书馆还以开展各种讲座、培训班、宣传栏、网络在线教育等形式加强对大学生信息素质的培养。但从整体上看,人们对信息素质教育的认识还不充分,信息素质教育的效果也不理想,需要有所突破。本文试图从分析人的信息素质与知识结构的关系入手,将数字时代的信息素质教育纳入到大学生整体知识结构的建构中加以讨论,为人们从另一视角认识信息素质教育,创新并构建新型信息素质教育体系提供参考。

2 信息素质与知识结构

2.1 信息素质的内涵

国际上将信息素质也称为信息素养或信息能力,其概念最早由美国信息产业协会主席 Paul Zurkowski 于 1974 年在给美国全国图书馆和信息科学委员会的一份报告中提出,他认为:具有信息素质的人,是那些经过训练,掌握了利用大量信息工具及主要信息源的技术与技能,并能将其用于解决实际问题的人[1]。Paul 的表述不是给信息素质下定义,但传达了一个基本的思想,即:信息素质是利用大量信息工具及主要信息源来解决实际问题的技术与技能。这一基本思想一直影响着人们对于信息素质的研究，人们认同信息素质是信息用户根据学习、工作、生活的需求，为解决实际问题对信息获取、处理和利用的技能。

随着信息化社会的发展以及研究的深入，人们对信息素质有了更深刻的认识，即"信息素质既是一种能力素质，更是一种基础素质，信息素质有其自身的内容结构，包括：信息意识素质、信息能力素质、信息道德素质"[2]。这一认识成为国内研究信息素质内涵的基本框架。近几年的研究中，信息素质的内涵被进一步挖掘，有学者将信息素质的内涵做了更广义的理解：信息素质是"信息化社会中个体成员所具有的各种信息品质，包括信息智慧（涉及信息知识与技能）、信息道德、信息意识、信息觉悟、信息观念、信息潜能、信息心理等"[3]。"a. 信息素养不但包括信息获取、管理的技能，而且包括了独立学习的态度和方法，将已获得的信息用于信息问题解决、进行创新性思维的综合信息能力。b. 完整的信息素质应该包括信息意识、信息知识、信息技能、信息道德四个层面，四个方面相辅相成，缺一不可。c. 信息素质是一种高级的技能，它同批判性思维、解决问题的能力一起构成了学生进行知识创新和学会如何学习的基础"[4]。

对信息素质内涵的认识是随着社会发展而不断发展的。2003 年 9 月，联合国教科文组织、美国国家图书馆学与信息科学委员会、国家信息论坛在布拉格召开了信息能力专家会议，讨论并发表了《迎接有信息素养的社会》的布拉格宣言，认为："信息素养包括人对信息重要性和需要的知识，以及为解决面临的问题确定、查询、评价、组织和有效生产、使用与交流信息的能力，这是有效进入信息社会的前提条件，是终身学习的基本人权的一部分。"[5]这是一个值得人们关注的信息素质的描述，它向我们传达了关于信息素质更为深刻的内涵，即对信息素质的理解已不仅是人所具备的信息意识、信息知识、信息技能和信息道德等，而且是人（即信息主体）所拥有的进入信息社会所应当具备的前提条件。

结合国内外学者的论述，笔者个人认为信息素质本身也是一种知

识体系,我们可将这一认识纳入到人的知识结构中加以理解:

(1)信息素质是人(信息主体)具备的关于信息的认知,是人对信息意识、信息观念、信息觉悟以及对信息重要性等的认知,是关于信息的智慧和潜能。这种认知本身就是一种知识,是构成人的整体知识和素养的有机组成部分。信息知识是信息素质的基础,有了信息的知识,才能适应信息社会发展而实现自我发展,才能更自觉地增强信息能力,将信息能力作为终身具备的一种能力。

(2)信息素质是人对信息需求的认知。人的信息需求从潜在到被认知和被表达是一个复杂的过程。如何认识信息需求,将潜在的客观的信息需求变为被认知和被表达的信息需求,是人对信息需求的能动的反映,也是人对信息不断认知的过程,需要人已具备的知识共同作用。在这一过程中人们对于信息、信息源、信息工具的知识不断积累,同时也不断转化为人的知识体系的一个组成部分。

(3)信息素质是人获取并处理信息的能力。能力是人的信息知识体系的另一方面,是知识的外化形态,当人们对于信息以及信息需求的认知内化为自身的知识时,其获取并处理信息的能力就会得到更好的体现;继而在人们获取和处理信息的能力不断提高的过程中,人关于信息的知识也会得到增长,人们知识结构中有关信息的知识含量将进一步提高。

将信息素质作为一种知识体系,纳入人的知识结构中加以理解,对信息素质的认识更为深刻,也更能说明信息对于一个人的发展的重要性,信息素质是人着眼于未来的重要的基本的知识和能力体系。

2.2 信息素质与知识结构的关系

关于人的知识结构的研究由来已久,目前尚未看到具有权威性的定义。有人认为知识结构主要是指人所拥有的“知识单元的数量、质量、类别及其相互联系和功能,是指知识体系在求知者头脑中的内化,也是客观知识世界经过求知者的输入、储存、加工,而在头脑中形成的由智力联系起来的多要素、多系列、多层次的动态综合体。”[6]。这一描述不仅指出了人的知识结构是什么，而且指出了人的知识结构形成的过程，即：知识结构是求知者将客观世界中的知识内化后形成的自身的知识体系，这些知识是相互联系的动态综合体。这一概念有一定的科学性、合理性和可取性。有人认为“知识、能力与素质是人才成长中最关键的三大要素”[7]，可引申认为，这三大要素也是人才知识结构的三大要素。信息素质的基本知识体系实质上是信息知识、能力和素质的有机集合体，在知识结构中既是知识的一部分，也是能力的一部分，同时还是推动知识、能力不断优化的力量。根据以上概念以及对信息素质内涵的理解，可以对信息素质与知识结构的关系做如下解释：①作为一种知识体系，信息素质是人们知识结构中不可或缺的重要组成部分；信息素质加入到人们的知识结构中，将会丰富和完善人们的知识结构，更好地体现人才知识结构的三大要素。②作为携带着信息技能的知识体系，信息素质在人们的知识结构形成中起着重要作用。知识结构的形成需要不断地有效获取和利用知识、信息，具备较高信息素质的人往往能够较好完成这一过程。③信息社会中人们对知识更新及知识结构优化的要求迅速提高，人们的信息素质与已有的知识不断相互作用，能起到更新知识、优化知识结构的作用。

基于知识结构来讨论信息素质的问题，为信息素质赋予了三重内涵：①信息素质是知识结构中的重要知识体系；②信息素质是知识结构形成的重要技能；③信息素质有着知识更新、知识结构优化的重要功能。更为重要的是，当信息素质真正成为人的一种基本素质时，其潜在的推动知识创新、推动人的发展的内动力是不可估量的，而这种内动力的形成仅有信息意识和信息技能、信息道德是不可能形成的，必须要与信息知识、技能、素质及已有的内在的知识共同作用。在整个人的知识结构形成和发展过程中，有了信息素质的参与，将会大大提高效率和效益。

大学是人们知识结构形成最重要的时期。知识结构的形成是吸收外界客观知识，并发展和丰富自身的知识系统的过程。与中学时代不同,大学生的知识结构中不仅应当有一定数量、质量的社会、自然及人文方面的基本知识,并且由于进入了专业学习,还应当具备专门的学科、专业知识以及将各种知识构建为知识体系的能力;更重要的是大学生还应当具有一定的不断输入、储存、加工及吸收、更新、内化客观知识,在头脑中形成由智力联系起来的多要素、多系列、多层次的知识结构的智慧和潜能。知识结构的形成,离不开对信息的认知、对信息需求的认知和对信息获取与处理的认知,信息认知的这些内容正是信息素质的核心内容,也正是这些核心内容能促成大学生知识结构的形成和优化。因而,在大学生信息素质教育中引入知识结构建构的理论、方法,创新信息素质教育,将信息素质内化为大学生知识结构中的重要组成部分,对于大学生提高信息素质,优化知识结构,在数字时代更好地发展将起到重要的作用。

3 数字时代大学生的信息素质教育

3.1 数字时代的信息素质与知识结构

信息素质与社会信息环境息息相关。社会信息环境是由信息资源环境、信息需求环境、信息技术环境、信息服务环境等构成的密切相关的综合体。当社会信息环境发展到数字时代,对于信息素质的要求将会有新的诠释。

数字时代的信息素质是人所拥有的关于信息的特有的综合知识体系,这一体系应当包含与这个时代密切相关的一系列信息知识、信息能力等。具备数字时代的信息素质的人,应当拥有:

(1)数字时代的基本知识以及对数字社会本质特征的认知;

(2)数字时代的基本信息知识、信息意识、信息觉悟和信息道德;

(3)数字时代的信息需求认知以及与之相适应的信息行为能力;

(4)数字时代各种信息资源、信息工具的特点及使用方法的认知;

(5)数字时代各种信息获取、利用、交流的基本能力和基本知识;

(6)数字时代各种信息检索、研究、评价、利用的基本技能和知识；

(7)数字时代管理信息资源的能力。

这是一种包含了知识、能力、素质的综合性知识体系，是生存于数字时代的人所具备的基本素质之一，对于数字时代的人的知识结构起着重要的丰富、形成、更新和优化的作用。数字时代信息知识体系的内容比以往任何一个时代都更加丰富，将其内化为人的知识结构中的一部分，对于人的一生具有不可或缺的重要意义：一方面可使人的知识结构更适应现代社会的需要，使人在获取利用知识、信息时更具内动力；另一方面信息素质所独有的知识和技能也将为人的发展提供终身获益的知识和能力。

3.2 数字时代大学生的信息素质教育

在不同的信息环境下，信息素质教育有不同的内涵；对于信息素质不同的认识也会对信息素质教育提出不同的要求。人们认为信息素质是一种获取信息的能力时，信息素质教育主要侧重于信息技能的培养。当人们认为信息素质是信息意识、信息能力、信息道德、信息觉悟时，信息素质教育突破了单一性技能教育和“授技性”教育的局限，形成了较为综合的信息素质教育体系。如果我们对于信息素质的认识扩展为对知识体系的认识，那么在大学生的教育中构建学生的信息知识体系，优化学生的知识结构，以知识结构的内动力推动和提高大学生的信息能力就成了信息素质教育的重点。数字时代的教育是一个启迪智慧，培养技能，提高素质，讲求优化知识结构，提升终身受益潜能的教育，因而数字时代大学生的信息素质教育至少应当从以下几个方面加以考虑：

(1)适应数字时代对大学生知识结构的基本要求，将构建信息素质知识体系始终作为信息素质教育的重要指导思想，并将其纳入大学生知识结构建构中。

(2)适应数字时代大学生知识结构内涵发展的要求，增强大学生信息知识和信息能力，以形成知识结构更新与优化的内动力为主要目标,构建信息素质教育的基本内容体系。

(3)适应数字时代大学生知识结构形成的规律,从认知规律方面策划信息素质教育的方法体系。

(4)将信息素质教育纳入到大学生知识结构建构体系中,形成相关教育管理、信息服务、专业教学等部门与学生互动的共同教育机制,以此构建大学生信息素质的教育、教学组织、管理与实施制度。

(5)形成与数字时代相匹配的信息素质教育评价机制,检验信息素质教育效果,推动大学生信息素质在知识结构中的内化。

数字时代大学生的信息素质教育有相对的复杂性,将信息素质教育纳入到构建知识结构的任务中则更为艰难,与以往信息素质教育有着不同的内涵与特点。

4 基于知识结构优化的大学生信息素质教育创新

4.1 基于知识结构优化的信息素质教育思想创新

将信息素质教育纳入到知识结构建构中讨论,涉及信息素质教育思想的转变以及思维方式的创新。如前所述,大学生的知识结构更为重要的是应当具有一定的不断输入、储存、加工及吸收、更新、内化客观知识,在头脑中形成由智力联系起来的多要素、多系列、多层次的知识结构的智慧和潜能,这种智慧和潜能的形成正是信息素质这样的知识体系所能给予的。有了这种知识体系,才能促使人们创新知识,发展自我,使个体的知识结构更为优化,也能更好地适应数字时代的要求,并产生持续的终身受益的效果。

将信息素质教育纳入知识结构优化的体系中,需要引入新的理念,创新思维。最近几年已有学者利用建构主义理念对信息素质教育问题进行探讨,对今天要讨论的问题很有启发。“建构主义是由认知主义发展而来的哲学理念。建构主义认为,人们在与周围环境相互作用的过程中,逐渐构建起了关于外部世界的知识,从而使自身认知结构得到发展。”[8]利用建构主义的理念,可以对纳入知识结构优化教育中的信息素质教育做如下思考:学生的学习是为了建立起对客观知识的认知体系,形成相应的知识结构,并发展自身知识结构,优化自身知识结构。而这种认知体系“并不是简单地把知识从外界搬到记忆中,而是以已有的经验为基础通过与外界的相互作用来获取、建构新知识”[9]。大学生的信息素质教育即是培养学生将外界知识内化为自身智能的知识和能力教育。在这个过程中,学生是外界知识与信息智能的接受者,也是自身知识的建构者,更强调学习的主动性。只有通过学生主动的、自觉的、创造性的心理过程,知识才可能内化为自身的知识,建构起自身的知识结构。

建构主义理念无疑对信息素质教育提出了新的思考,即在信息素质教育中需要注重个性化、互动式、浸润性教育,激发学生为主动构建知识体系而学习的热情,促使学生增强对外界知识内化的智能。建构主义理念帮助我们更进一步明确了信息素质教育的目的和目标,从而成为创新信息素质教育思想的重要理念,与本文提出的将信息素质教育纳入知识结构建构的思想不谋而合。有了这样一种理念,教育者在信息素质教育中更应当注重从学生的特点出发,研究大学生吸收知识的心理过程,启发大学生构建知识体系的意识,创新信息素质教育的内容、方法,为大学生优化知识结构做好引路人;在整个信息素质的教育过程中“以学生为中心”实施教育,体现学生的主体作用。

4.2 基于知识结构优化的信息素质教育实践创新

基于大学生知识结构优化的信息素质教育有着广阔的实践空间,将建构主义的理念引入信息素质的教育中需要教学内容、方法的创新。

信息环境在不断变化,信息素质教育将随之不断创新。数字时代的信息素质教育应当与数字时代的要求相吻合,教学内容首先应当体现数字时代信息知识体系的内容;其二,应当自始至终体现数字时代的信息素质是知识体系的一部分,将信息素质教育作为知识教育的重要组成部分;其三,应当体现出数字时代信息素质的智能要求,同时应当尽量与大学生知识结构的优化联系起来加以考虑。大学生的知识结构有一个不断积累和不断深化的过程,信息素质教育的内容也应当随着学生不同阶段的知识状况进行创新。应当在教学内容上设计不同的知识体系,体现不同的层次结构,适应不同专业与不同学习阶段的学生的需要。应用建构主义理念来策划大学生的信息素质教育内容,可分为三个层次,构成符合学生学习特点的循序渐进的知识体系:

初级层次:建构学生基本的信息意识、信息利用意识和基本的利用信息检索工具及数字信息工具的能力。要让大学生懂得作为一个数字时代的人,不能仅满足于课堂教学内容,更应当学会如何具备使自己走出校门后仍能继续发展的知识和能力;要让大学生懂得系统掌握信息知识和技能,将其内化为知识发展的潜能,就能终身获益;要从培养学生基本的信息意识入手,达到调动学生自觉培养信息素质的积极性的目的。

中级层次:结合专业学习,建构专业与信息素质相结合的信息知识体系。通过信息素质教育使学生理解信息与专业发展的关系,形成对本学科专业信息、信息源、信息工具等的认知体系,具备结合本专业开展信息检索、识别、综合、分析、评价、交流等工作的能力。

高级层次:综合性信息知识体系构建。在前两个层次的基础上,这一层次将实现信息知识的整体构建和信息知识体系的内化。学生在这一层次应当能够将对信息的认知理解以及对信息技能的应用,潜移默化为知识结构的一部分,在工作学习中体现为一种自觉应用的行为。在这一层次上,学生应当能够对本专业的信息需求准确认识,准确表达,对信息内容准确获取和准确判断,对信息进行有效评价和利用,并对已有的信息和知识进行自觉、有效的管理。由于这一层次的信息素质教育更多体现的是一个将信息知识内化为自身知识结构的一部分,因而也就更应当注重学生在知识建构过程中的主动性、自觉性。

以上各层次的信息素质教育都应当辅以相应的教学方法。在建构主义理念指导下,信息素质的教育方法应当体现学生的主动性、自觉性,但也需要教师的积极引导。首先,应当吸引学生参与到与信息活动有关的学习活动中,在教学中不断地设计一些学生关心的信息问题,让学生通过信息活动加以解决,并引导学生逐步进入信息知识体系的学习。久而久之,解决的问题越多,也越能吸引学生,这是一种以实践吸引学生注意力,促成信息知识体系形成的教育。其次,应当与学生所学专业结合起来开展教育,结合专业的信息素质教育一方面可提高学生的学习积极性,另一方面可更有效地将信息知识与自身的知识结构联系在一起,促使信息知识内化及学生的知识结构优化。第三,数字时代的信息素质教育应当尽量多地利用现代化手段,尽可能地利用现代信息工具和现代信息资源,以使学生适应新的信息环境的要求。目前流行的在线信息素质教育,以数据库检索为例的教育,以网络数据获取为主的教育不但对学生有很大的吸引力,也能收到较好的教学效果。

4.3 基于知识结构优化的信息素质教学机制创新

信息素质教育面对的对象很广泛,然而信息素质教育的机制却显得不够完善。许多学校由图书馆承担该项教育,也有些学校由各学科专业自行安排教学计划;有些学校将其纳入了学校的教学计划,有些学校却将其办成了随心功德的课程。信息素质的提高与专业素质的提高关系密切,相互之间起着相辅相成的作用,需要建构起符合信息素质教育规律的教学运行机制,基于知识结构优化的信息素质教育机制是解决两者相互协调的重要方法。它能够更好地将信息素质与知识结构优化结合在一起,更有利于提高学生对信息知识学习的积极性、主动性和自觉性,使学生的知识结构得到优化,促成信息素质与专业素质的双赢。

基于知识结构优化的信息素质教学机制的创新,首先应当注重观念的创新,应当在教育组织和管理者中形成一种观念:信息素质是大学生必不可少的知识体系,信息素质教育是大学生知识结构形成和优化的重要手段，是人才成长的必备要素。因而在教学管理、教学组织、教学时间和实践条件方面应当给予切实保障，形成良好的教学管理机制。其次，信息素质教育是大学生教育的重要组成部分，需要学校教学管理部门、各学科专业、图书馆等部门的通力合作，需要专门的机构协调，在教学内容设计、实践教学以及各专业的配合等方面，形成良好的互动机制。其三，应当注重专业教育与信息素质教育的结合，在专业教育中不忽视信息素质培养，在信息素质教育中注意从专业教育方面的引导，使两个方面真正相辅相成，达到大学生知识结构优化的目标。

基于知识结构优化，讨论数字时代大学生的信息素质教育，涉及许多内外因素，还有许多问题需要深入探讨。期待能有更多思考和更好的意见来促进信息素质教育，使大学生真正能够为迈向数字社会做好准备。

参考文献

1 周均兵. 信息素质的概念建构. 图书与情报，2007(2)

2 邹志仁. 试论大学生的信息素质教育. 大学图书馆学报，2000(3)

3 符绍宏. 面向创新教育的信息素质教育//沈乃文. 传薪集——祝贺吴慰慈教授七十华诞文集. 北京：北京图书馆出版社(今国家图书馆出版社)，2007

4 赵瑞刚，董晓建，杨璐. 论大学信息素养教育. 情报教育，2004(5)

5 袁琳，简文辉. 近年来信息用户与服务研究进展//肖希明. 图书馆学研究进展. 武汉：武汉大学出版社，2007

6 王通. 论知识结构. 北京：北京出版社，1986

7 冷斌，涂小华. 目前学生的知识结构及素质现状的分析. 江西化工，2007(1)

8，9 张宏. 基于建构主义理论的高校信息素质教育. 大学图书情报学刊，2006(1)

原载于《大学图书馆学报》，2009 年第 3 期

新世纪大学图书馆发展目标选择的思考

我们已经跨入了一个新的世纪。当世纪钟声敲响之际的激动逐渐隐去之时,我们感到了一种前所未有的压力。面对新世纪大学图书馆如何发展的实际问题,无论是图书馆界还是社会都存在着不同的看法。认识上的模糊状态直接影响了新世纪大学图书馆发展目标的选择,选择的不确定性则阻碍了图书馆的顺利发展。本文试图从新世纪初叶大学图书馆面临的环境——机遇与挑战的实际出发,通过对大学图书馆功能的再认识,谈谈大学图书馆发展目标选择的一些思考。

一、我们面临的环境——机遇与挑战

我们生活在一个机遇与挑战并存的时期。机遇和挑战来自各个方面,它们或在某一方面起作用,或是社会各方面的综合反映。

1. 机遇

(1)来自现代信息技术的应用

人类社会发展到今天,每一次重大的变革都离不开技术的推动:农业社会向工业社会的发展,是由于蒸汽机的带动。今天,当工业社会向后工业社会,即信息社会发展时,毫无疑问,计算机技术、网络通讯技术、数字信息技术等高新技术发挥了重要作用。以 Internet 为代表的信息技术革命，则主导了人类生活方方面面的改变。这给图书馆带来了前所未有的发展机遇：利用先进的技术，图书馆在文献信息的采集、整序、加工、保存、传递的思想、观念、手段等方面都将发生根本性的变革。图书馆将摆脱传统手工劳动的束缚，大大提高工作的质量和速度，提高服务的能力和水平。图书馆第一次可突破时空的界限，将整个地球的文献信息机构连接成为一个有机的整体，将经过整序的文献信息在任何时候提供给任何地方的任何用户，也可将本地以外的任何文献信息机构的收藏传递给本地的用户，真正意义上的资源共享将成为现实。图书馆固有的文献采集、整序、加工、保存、传递功能将因为技术手段的变革而获得更好的发挥，图书馆将在这一过程中真正实现其存在的价值。

(2)来自社会的需求

我们所处的时代是以知识、信息为基础的时代。在这个时代，一切财富的核心都是知识，所有行为都依赖于知识、信息的存在，人们对于知识、信息的需求从来没有像今天这样迫切。不断地学习、掌握新知识，了解、获取新信息，已成为人们生活中必不可少的重要内容。然而，飞速增长、浩如烟海的知识、信息，给人们在查找、利用上带来了前所未有的困难。这无疑要求以传播知识、信息为己任的图书馆在利用图书馆学基本原理和方法对知识、信息进行收集、整序、加工、传递过程中发挥其特有的功能，在为教育和科研服务方面发挥更加重要的支持作用。社会的需要，给了图书馆生存的价值和继续发展的机遇，同时，也给图书馆学的理论和方法在新的环境中得到新的发展带来了机遇。随着图书馆学理论和方法的发展，图书馆的功能也将得到更大的发挥。

(3)来自高等教育的改革

大学图书馆身处大学，高等教育的改革势必会对大学图书馆产生极大的影响。以信息技术为主要特征的技术革命带给高等教育的是人才培养将向复合型、适应型转变，教育将向素质教育和终身教育转变，教育内容日趋交叉性，信息技术将越来越多地进入教学中。与传统教育相比,教育信息技术掌握的多少、信息传递量的多寡和信息质量的优劣将对教育产生直接的影响[1]。另外,现代教育观的核心是“以人为本”的教育,它强调学生在教学中的主体地位,强调必须满足学生的知识、信息需求,强调必须提供完备的教学条件,提供自我学习的场所,并强调人人都有受到全面教育和终身教育的权力。大学图书馆即是教育、教学信息的集散地,也是满足学生求知需要、提供自我学习的第二课堂,同时还是学生进行自我调适,以迎接激烈竞争的最佳场所。因此,高等教育离不开图书馆,高等教育的改革与发展更需要图书馆的支持。目前,世界范围内的高等教育改革正在深化,大学图书馆将借助改革的机遇,发挥越来越重要的作用。

2. 挑战

(1)来自其他行业的威胁

在全球信息化浪潮中,图书馆已不再是唯一的可进行文献信息服务的社会机构,它必须面对来自其他行业的竞争与挑战。由于信息技术的推动,大量的信息以电子数字形式、超文本形式和多媒体形式出现,电子书刊、网络书刊层出不穷,向图书馆传统的馆藏发出了挑战。接踵而至的则是各种类型的、新型信息服务机构的诞生以及网上书店、网上出版社的出现[2]。这些机构利用先进的技术手段以及非纸本型的信息载体,以网络为主要传输媒介,将信息服务推向了前所未有的发展新阶段,大有全方位占领全球信息舞台之势。因此,在图书馆界有人提出了图书馆有无存在的必要的问题,有些文章则直接提出了图书馆将完全由网络及电子阅览室替代的观点[3]。图书馆遇到了前所未有的生存危机。

(2)来自自身的局限

自身的局限主要来自于图书馆固有的传统定势。图书馆发展到今天,已形成较为固定的思维模式和较为成熟的工作理念。无论是图书馆员还是社会各界,也都形成了对图书馆的习惯性认识。从理论上讲,新技术被引进后,带给图书馆的变革将会使图书馆得到新的发展。但是在具体的操作中,我们仍然在不自觉地力图从传统中寻找帮助。传统图书馆的方方面面无形中对现代图书馆的发展形成了阻力。

3. 机遇与挑战的辩证

如何看待机遇和挑战,是我们进行目标选择的关键。从辩证法的角度分析,机遇与挑战是共存于一个实体中的矛盾的两个方面,但它们又是统一的,是可以相互转化的。如果把握好机遇,挑战将转化为发展的动力,反之,图书馆将会在挑战中成为历史,图书馆人是绝对不愿意看到这个结果的。

当然,希望并不能成为我们寻求发展的根据,仅仅依赖于对机遇和挑战的分析也不能说明图书馆在新的世纪不会消亡。我们的着眼点还应更进一步从图书馆的功能上加以分析,从而从图书馆存在的实际价值中寻求其发展的必然趋势。

二、对新世纪大学图书馆功能的再认识

1. 大学图书馆的基本功能

大学图书馆作为大学中的一个机构,存在的价值就在于它能够为教学科研提供文献信息服务,这是大学中其他任何机构都做不到的。这是因为,图书馆具备文献信息的采集、整序、加工、保存、传递等最基本的功能,而其他任何机构都不具备这些功能;同时,这些功能的存在也是图书馆实现其价值的最基本的条件。任何一所大学都希望它的图书馆能够为教学和科研提供最完备、最准确、最快捷、最有效的文献信息服务;大学图书馆自身也希望通过它对文献信息的采集、整序、加工、保存及传递服务,履行教育的职能和信息服务的职能。基本功能发挥的好坏,教育职能和信息服务职能履行的好坏,直接影响大学图书馆价值的实现。从一定意义上讲,这些基本功能实际也是大学图书

馆的使命所在。

应当说，在新技术环境下，大学图书馆的存在价值并没有发生质的变化，它仍然是为教学科研提供文献信息服务，仍然是履行教育职能和信息服务职能，这些职能是其他任何部门都不可替代的。但是大学图书馆的基本功能是否发生了变化，是强化了，还是弱化了，这种变化对大学图书馆的存在会产生什么样的影响呢？这正是我们要研究的问题。通过这一研究，我们才能确定大学图书馆是在继续发展，还是将走向消亡。

2. 现代信息技术与大学图书馆功能的强化

我们应当肯定，当现代信息技术引入图书馆后，图书馆的基本功能在本质上没有变化，它仍然是进行文献信息的采集、整序、加工、保存、传递等工作。现代信息技术引入图书馆后，文献信息工作的方式转向了计算机技术、网络技术以及信息处理技术的全面应用；文献信息工作的对象转向了多元载体；文献信息工作的思路转向了整体化和多功能、开放式。具体表现在：文献采集的内容扩大了，它包含了纸本形式、磁介质形式、光介质形式、电子数字形式、超文本形式、多媒体形式以及非物理形态的虚拟形式等，采集方式也更加灵活多样，网上信息的采集也成为采集工作的一个组成部分，并且在文献采集工作中更注重整体的协调发展；文献信息的整序、加工更加深化，除传统意义的分类、编目、标引外，更加注重整体的检索性能和深层的开发利用，大型文献数据库、大型信息检索库、专题特色文献数据库应运而生，专门信息的采集、整序、加工显得尤为重要；文献信息的保存方式趋向利用现代信息存储技术，因而图书馆在注意对传统文献的保护、开发和利用的同时，开始注重对光介质、磁介质等文献信息载体的收藏和保护研究；文献信息的传递手段由手工方式向计算机方式转变，由单一方式向多元方式转变，由封闭方式向开放方式转变，由个体方式向整体方式转变，由分散方式向综合方式转变。我们看到，这些工作内容及方式的变化，本质上并未超出图书馆基本功能的范畴，反而使其内容更加丰富，图书馆的价值得以更好的实现。因此我们可以说，在新技术环境下，图书馆的功能更加强大了，图书馆的价值也因此更好地体现了出来。

科学的实践证明，任何一种先进技术的应用必须与传统技术紧密结合，才能使其发挥更大的威力。与其他信息服务业相比，图书馆是文献信息服务的传统行业。因有文献信息服务的特有功能以及长期形成的文献信息工作原理和方法作为基础，所以当新技术引进后，与传统技术紧密结合，图书馆学的基本原理与工作方法就显示出了它的威力，图书馆就更具备在信息服务业中立于不败之地的地位，图书馆也因此有了更好的生存发展空间与条件。

3. 社会需求、高教改革与大学图书馆功能的发挥

前面已论述过，社会的需要与高等教育的改革是大学图书馆发展的良好机遇。这里将进一步探讨，面对社会需求的变化以及高等教育的改革，大学图书馆的功能是否还在起作用。我们看到，由于新技术的应用，大学图书馆文献信息的采集、整理、加工、保存、传递的能力更强了，因而，以传递信息、传播知识为己任的图书馆，在满足社会需求方面就有了更强大的保证，它为教学、科研服务的能力也就更强了。事实也是这样，目前在社会上，能够提供最佳文献信息服务的仍然是图书馆，教学、科研并没有因为其他信息服务业的兴起而放弃对图书馆的依赖。除此之外，高等教育"以人为本"的改革给了学生更多的学习自由，因而图书馆作为第二课堂的地位将更加稳固。正因为这样，至少未来几十年，大学图书馆仍然是大学中不可缺少的重要机构，它仍然具备生存的价值。

能否生存，决定了能否发展。大学图书馆既然还有生存的价值，继续发展也就成为必然。随着社会的发展、现代信息技术被大量应用于图书馆的各项实践，图书馆将以更快的速度得到发展。有了这一基本的认识，大学图书馆在发展目标的选择上就有了根据。

三、新世纪大学图书馆发展目标选择的基本思路

1. 新世纪大学图书馆的发展趋势与目标

(1)准确把握发展趋势

选择发展目标,首先必须准确把握发展趋势。毫无疑问,我们发展的总目标是要建设起一座现代化的图书馆。但是现代化是有具体内容的,从资料和图书馆的实践显示,图书馆在未来几十年内的发展趋势已很明显,即发展数字化图书馆。数字化图书馆集中体现了现代化图书馆的具体内容,那就是利用先进的技术手段,对文献信息进行数字化整序、加工、存储处理,并且利用先进的网络传输系统及数字化传输系统将经过整序、加工的文献信息在任何时候用任何方式传递给任何地方的任何用户,实现全球范围的资源共享。这一发展趋势是根据全球性网络环境日益完美和功能的日益强大、多年来图书馆自动化工作的实践,以及以计算机技术、网络技术、通信技术、数据库技术和光介质、磁介质存储技术等为代表的先进信息技术的迅猛发展而确定的。同时从图书馆的基本功能以及社会需求出发来考虑,数字化可使图书馆的功能得到最大限度的发挥,社会也需要通过数字化享受到更优质的服务。图书馆只有走数字化的发展道路,才能满足现代社会对图书馆的要求。

(2)明确选择发展目标

有了对发展趋势的准确把握,发展目标的选择也就不那么困难了。根据图书馆的发展趋势,新世纪初叶大学图书馆必须选择向现代化转型作为总体发展目标。具体目标则应根据图书馆发展趋势所提出的具体内容,即数字化图书馆的具体内容加以确定。只有这样确定的发展目标,才能顺应图书馆的发展潮流,在新世纪获得新的发展。数字化图书馆的具体内容是技术手段实现自动化、网络化,文献信息建设实现整体化、多元化,文献信息存储实现数字化、特色化,文献信

息管理实现集成化、智能化,文献信息传递实现全方位、社会化,文献信息服务实现全开放、多功能。数字化图书馆的这些具体内容正是新世纪大学图书馆的发展目标。这些目标的确定,将会为我们大学图书馆实现现代化奠定良好的基础,同时也会为我们全面实现现代化、为教学科研提供最满意的文献信息服务和全面实现图书馆的价值指出明确的方向。

2. 新世纪大学图书馆发展目标的实现

实现发展目标是一项艰巨的工程,需要一个长期的过程,需要我们的共同努力。从现在开始,我们就必须围绕发展目标,坚持不懈地努力工作。我认为,我们应当从以下几方面为发展目标的实现做出贡献。

(1)实施向现代化图书馆的全面转型

现代化图书馆是一个综合的概念,它不仅包括技术手段的现代化,而且包括了图书馆观念、图书馆形态、管理理念、管理方式、管理体制、组织结构、组织方式、服务内容、服务方式、资源形态、资源结构、资源布局、加工工艺、加工层次、人员组合、队伍建设等全部与图书馆的发展有关的内容,这些内容是与建设数字化图书馆的目标相一致的。图书馆向现代化转型是图书馆发展的总目标,也是数字化图书馆实现的最终目的,只有在图书馆的各个方面都实现了现代化,全面实现了数字化图书馆建设目标,图书馆才能实现全面的转型。

(2)加快自动化、网络化建设步伐,为图书馆的发展创造良好环境

自动化、网络化是数字化图书馆建设的必备条件。我国的图书馆自动化、网络化建设起步较晚,总体水平不高,基础薄弱,西部欠发达地区相对落后。为了能够尽快缩小与发达国家和地区的差距,我们更要加快自动化、网络化建设步伐,尤其是要注重图书馆网络的形成。目前,我们一方面是要注重性能优良的计算机和高速宽带网等基础设施建设,另一方面更要注重能够让设备发挥最佳功能的可靠的系统软件建设。就实际而言,我们还应当尽力形成校内的文献信息网络,进

而与其他大学相连接,最终实现大学图书馆的网络服务体系。只有这样,数字图书馆的实现才会成为现实。

(3)注重馆藏文献信息资源的数字化建设,使之得到更好的开发利用

数字化图书馆的建设必须要以经过数字化处理的文献资源为基础。各馆的馆藏中都有珍贵文献和特色文献,将其进行数字化处理后,不仅为数字化建设奠定了基础,使这些文献得到更好地利用,而且还可起到保护原始文献的作用。

(4)注重多元载体文献资源的采集和整合

在图书馆,单一载体占统治地位的时代已经一去不复返了,图书馆进行多元文献的收藏已是大趋势。但是如何将多元载体的文献整合为一体,实现所谓的"一站式"或"多元一体化"[4]服务,却是我们在网络环境下要认真思考的问题。

(5)注重整体建设,实现资源共享

在具备强大功能的网络环境下,实现资源共享已不是梦想。但是,要真正实现资源共享,首先必须进行网络环境下的整体建设。我国的中国高等教育文献保障体系(CALIS)建设正是这一思路的体现。1999 年,"中国国家数字图书馆计划"正式启动建设,也是这样做的。

(6)注重形成新的服务方式和服务内容

由于新技术的引入,图书馆网络环境的形成,图书馆在服务内容和方式上有了很大的变化,尤其是网络环境下形成的全新的网上服务内容和方式,对于习惯于传统服务内容和方式的图书馆及图书馆员们来说,都是陌生的。因此,我们必须注重对这些服务内容和方式的研究,并付诸大胆的实践,使新技术的功能在图书馆得到更好的发挥。

(7)注重培养新型的图书馆员队伍

"图书馆是一个生长着的有机体"[5],处在不断的发展变化中。要适应这种发展、变化,图书馆员必须不断地学习,不断地进步。图书馆

员是图书馆发展建设的主力军，作为发展变化中的图书馆一定要注重对图书馆员的培养。新型图书馆员的培养是全方位的，包括了思想素质、业务素质、业务技能、道德修养、信息技术、信息意识、信息法学、版权意识、外语能力、文献信息处理能力、传递能力、用户培养能力等一切与现代图书馆相关的内容的培养和教育。

3. 新世纪的大学图书馆必须在改革、创新中求发展

正如前面所分析的，新世纪的图书馆是在不断发展变化着的。由于新技术革命是以信息技术为先导的，与图书馆的功能本身有着极其密切的联系，因而当新技术引入图书馆后，就最容易与图书馆功能结合，促使图书馆得到更迅速的发展。近十年来，图书馆的迅速发展证明了这一点。应用新技术，实际上是对传统技术的改革和对图书馆工作的创新过程。通过新技术的应用，图书馆的管理、服务、运行机制、组织结构、资源结构、技术手段等都将经历改革、创新的洗礼，从而推动图书馆的发展。没有改革和创新，也就没有图书馆的发展，图书馆的创新、改革是图书馆发展的必由之路。大学图书馆服务的主要对象是大学里的师生，他们对新技术极其敏感，对改革、创新、发展的愿望也最强烈，为了满足他们对新技术的需求和新的服务内容的渴望，大学图书馆更要注重改革、创新。在这里，大学图书馆必须抓住机遇，迎接挑战，转变观念，开拓进取，将新技术的应用作为改革、创新的先导，促使大学图书馆得到更大的发展。

四、云南大学图书馆在新世纪初叶的发展思路及总体目标

1. 发展思路及目标、内容

云南大学地处中国西部经济欠发达地区，云南大学图书馆与发达地区的图书馆相比，无论是办馆条件和办馆水平都较为落后。根据我

省省情、我校校情及我馆馆情,新世纪我馆建设的基本思路是:以自动化、网络化建设为龙头,遵照学校“立足边疆,服务云南,办出特色”的办学思路,坚持面向世界,面向未来,深化改革,开拓进取,促进图书馆向现代化转型。我馆建设的总体目标是:为将云南大学图书馆建设成为云南省高校文献资源保障中心,并在某些方面进入全国先进行列,成为在全国有一定影响的、西部地区一流的大学图书馆奠定坚实的基础。

为了实现总体目标,云南大学图书馆重点将进行自动化、网络化、数字化、信息化建设。近几年将在以下几个方面做出努力:在业务工作和管理工作方面,全面实现自动化;在文献资源建设方面,努力形成全校资源的共知、共建、共享体系,并满足教学科研的基本需求,为重点学科提供文献保障;在整体化建设方面努力形成云南省高校文献保障中心,为云南省高等教育、科学研究及社会经济发展提供文献服务;在多功能、开放式、高层次服务方面进入全国先进行列;在网络化、数字化及文献资源数据库建设方面形成特色,努力创造条件,积极争取全面实现我馆的发展目标[6]。

2. 我们近几年要做的工作

(1)搞好基础设施建设

这里所说的基础设施建设,主要是指自动化系统建设、数字化资源制作、存储、传递系统建设、网络环境的建设以及为读者提供的阅读、检索环境的建设。同时也包括文献资源共知、共建、共享体系的建设。我们现在正在进行的自动化管理系统的更新换代就是其中的一项。

(2)加强文献资源建设

文献资源建设在新技术环境下已有了新的内容。这里所讲的文献资源建设包含多元载体的文献资源,甚至是虚拟资源的建设;还包含馆藏文献的数字化建设及特色文献数据库建设等。我馆正在进行的“西南少数民族文献数据库”及“云南高原山地生物、生态学文献数据库”是这一建设的重点组成部分。另外,我们还将有计划地对馆藏特色文献进行整理、开发,并进行数字化处理,使其得到更好的利用。

(3)加强检索系统及导航系统建设

这里包括建设完备的书目数据库、期刊数据库、专题文献检索数据库以及网络导航数据库等。同时包括了文献工作的标准化、规范化建设。我馆书目数据库还不完善,期刊数据库还未建立,专题文献检索数据库和网络导航数据库还在酝酿中,在这一方面,我们的任务还很艰巨。在新的时期,我们将充分利用其他馆的成果及网络资源,尽快形成自己的文献资源检索系统。

(4)加强与各图书馆的合作建设

这里主要是指以实现文献资源共知、共建、共享为目的的文献资源保障体系的合作建设。同时也包括基础设施、队伍培养等方面的合作发展。我馆与国内一流大学图书馆相比,差距还很大,但是我们愿意通过合作,获得发展。目前,我们也根据我们的实际能力,参加了CALIS项目的部分建设,通过这种合作建设,我馆将引入更多先进的管理方式和管理思想,使我馆得到更快的发展。

(5)加强图书馆员的培训

图书馆员是图书馆变革与创新的主体,必须不断更新知识,适应现代化建设的要求。因此图书馆必须将馆员的培训放在重要的位置考虑,通过各种方式的培训营造一支具备现代观念、现代意识、现代技能、适应现代化发展的馆员队伍。

为了保证目标的实现,我馆还将不断进行管理体制、组织结构、资源布局、服务方式、服务内容以及技术更新等方面的研究和调整,使之更加适应现代化发展的要求。

总之,大学图书馆发展目标的选择不容易,实现发展目标的路更加艰难。我们只有紧紧把握发展目标,根据形势的发展、变化,不断调整思路,不断改革、创新,才能使图书馆在新世纪顺利发展。

参考文献

1 李翔.后工业时代与高等教育//21世纪的大学图书馆论文集.昆明:云南科技出版社,1999

2 张沙丽.21世纪图书馆的展望、预测与现实.中国图书馆学报,2000(4)

3 21世纪的大学是什么样子.宁夏日报,2000-08-24

4 杨勇.试论转型期大学图书馆的多元一体化服务.大学图书馆学报,1999(4)

5 阮冈纳赞;侯汉清等译.图书馆学五定律.北京:书目文献出版社(今国家图书馆出版社),1988

6 杨勇.云南大学"十五"期间文献资源保障体系建设计划(初稿),2001

原载于《新千年的大学图书馆——功能、发展趋势与国际合作国际学术研讨会论文集》,云南大学出版社,2002年5月

世纪之交高校图书馆发展环境及对策思考

"如果我们能了解我们的处境和趋向,那么我们就能更好地判断我们应该做什么,以及怎么去做"[1]。本文试图通过对高校图书馆发展环境的分析,为世纪之交我国高校图书馆确立发展的基本路向提供一点参考。

一、高校图书馆发展的三重环境

高等教育是社会发展和技术进步的产物,它的一切活动必然受到社会环境的影响,社会环境构成了整个高等教育的外部环境。高校图书馆是高等学校教学与科研工作的重要组成部分,它所进行的一切活动都与高校的活动密不可分,因而高校活动又成了高校图书馆活动的外部环境。社会环境和高校活动是高校图书馆的双重外部环境。

任何事物的活动有其外部的因素,也有其内在的原因,在这里内在的原因便是图书馆自身的内部环境,它对高校图书馆的发展同样起着促进或制约的作用。

由此可见,在高校图书馆的发展过程中存在着三重环境,即:社会环境,称为大环境;高校环境,称为中环境;高校图书馆内部环境,称为小环境。三重环境互相联系,互相影响,推动或制约着高校图书馆的改革与发展。

二、世纪之交影响高校图书馆发展的主要环境因素

伴随着知识经济时代的到来,高新技术的崛起和高新技术产业的发展,已成为推动世界快速发展的重要因素,依靠技术进步,提高劳动者素质已成为世界各国发展经济的共识,高新技术已广泛渗透到了人类生活和生产的各个领域。这一方面为高等教育教学手段的现代化准备了技术条件,另一方面也为高等教育增添了新的内容。对于高校图书馆来说,高新技术中的信息处理技术、计算机技术、网络技术、数据库技术及卫星通信技术等的广泛应用,则为图书馆走向现代化准备了良好的技术环境。首先,文献的载体从单纯印刷型走向多样化,文献信息存在的形式已不仅仅是看得见摸得着的物理形式;其次,获取及传递信息的手段将走向高度自动化,各种信息媒体的传递将由分散形式转为一体化形式;其三,信息高速公路的建设将把全世界的文献信息机构联为一体,形成网络,实现真正的资源共享;其四,数据库技术的广泛应用,大量的信息经过数字化处理,使人们利用信息的手段发生了重大变化,此时高校图书馆则将扩大其功能,将服务的触角伸向社会。

当今世界是全球经济多元一体化新格局形成的时代,也是一个全面开放的时代。"展望21世纪,世界将在多元一体化中求生存,得发展。要做到这一点,关键是通过包括更多元的文化间的信息传播和交流,用以消除由于经济、政治、社会、文化的不平衡性和差异性而产生的隔膜与矛盾。"[2]毫无疑问,我国的高等教育必须全面审视这一格局形成后给高等教育带来的影响,加快高等教育与国际接轨的步伐。高校图书馆也将在这一过程中成为多元文化的交汇点,与世界的联系将更加广泛和深刻,在信息的传播和交流中将发挥更大的作用。

世纪之交,我国的改革开放进一步深化,尤其是市场经济体制的

确立,使高等教育的办学模式、专业设置、课程结构、教学内容等产生了一系列适应社会实际需要的变化。高等教育培养出来的人能否适应社会发展的需要,并且成为新世纪强有力的竞争者,是我国高等教育所要考虑的核心问题。面对这一形势,图书馆必须进行相应的变革。

素有高校"三大支柱之一""第二课堂"美称的图书馆在社会大环境及高校改革大潮的推动下,近年来有了长足的进步和发展。然而,我国是发展中国家,高校图书馆的经费投入、技术装备、服务手段、社会地位等都远远低于发达国家,严重制约着图书馆的发展。就图书馆的内部环境而言,仍有许多不尽如人意之处,有经济、体制、人才、技术、机构、藏书等方面的,也有观念、管理等方面的,尤其观念方面的相对滞后,阻碍着高校图书馆的发展。现在的高校图书馆还没有完全从传统封闭、保守思想的束缚中解放出来,如在资源建设方面仍然是以藏为主,习惯于考虑文献的收藏价值,对当前利用率高,但缺乏长远收藏价值的文献则不订或少订;习惯于文献在本馆的全面收藏,而较少考虑与其他文献机构进行实质性的资源共享;习惯于文献信息看得见摸得着的物理形态,而不习惯于虚拟化图书馆的利用。因而在管理与服务方面,习惯于以管理为中心,而不是以读者为中心;习惯考虑文献应当如何收藏,而不习惯考虑如何发挥文献的作用,使之更好地为用户和社会服务;习惯于一馆的个别行为,而不习惯于将整个文献信息机构作为一个大图书馆系统来加以考虑;习惯于封闭式的管理,而不习惯于开放式管理;习惯于传统手工操作环境下的管理模式,而不适应现代化环境中的管理模式;习惯于单一的服务模式,而不习惯于多功能的服务模式。凡此种种,对高校图书馆的发展都会产生严重的阻碍作用。面对高校图书馆内部环境相对滞后于外部环境的状况,高校图书馆必须采取相应的对策,才能为下一世纪的大发展奠定良好的基础。

三、世纪之交高校图书馆发展对策的思考

目前,高校图书馆面临良好的发展机遇,也存在着严峻的挑战。挑战既来自外部,也存在于自身。我们可以通过努力改变我们内部的落后状况,以适应社会和高等教育的需要,并推动高等教育的改革。现代化、多功能、开放型的高校图书馆是我们发展的目标和方向。要实现这一目标我们必须采取以下对策。

1. 转变观念

首先,我们必须树立起全面开放的观念。我们知道,传统观念的改变是极其艰难的,中国传统图书馆中那种封闭、保守思想不可能一下子消除。但是面对当今世界信息资源全面开放的大环境,图书馆不开放就无出路。尤其是高校图书馆,面对的读者层次较高,教师的教学与科研活动正在从封闭走向开放。因而他们希望图书馆也从根本上改变过去那种藏书楼式的办馆模式,从以藏为主转变为以用为主,从以人、财、物的管理为中心转变为以读者需求为中心,并且减少读者与文献之间的中间环节,为读者最便利地获得文献资源创造条件。目前,一些高校图书馆正在进行的提高开架率、开放样本库等工作正体现了这一观念的转变,适应了读者的需求。

其次,我们必须树立大图书馆的观念。在当今知识信息量剧增、文献大爆炸的时代,任何一个独立的图书馆都是难以生存和发展的,仅仅经费就是一个最大的难题。因而必须将一馆的行为纳入整个的信息大系统中,走向全面的文献信息资源的共建和共享,才能满足教学科研的需求,也才能发展自我。在高新技术的推动下,图书馆的网络化已势在必行。网络化最大的特点就是开放性。必须树立这样的观点,每个图书馆都是网络中的一个成员,每个成员都应当为网络的建设做贡献,在网络中,图书馆不仅仅是获取网络信息,同时还应当建

设网络信息,如果一个图书馆在观念上墨守所谓自己的“领地”,那么只能被时代淘汰。

其三,必须明确图书馆的功能已由单一型走向了多样化。当代图书馆正在由封闭走向开放,图书馆的功能也从古代的收藏文献扩展到了保存和传递文献。当知识、信息成为人们生活和工作中必不可少的内容时,图书馆的功能还将进一步扩展,它不仅仅是人们心目中的书刊借阅场所,它还应当是知识、信息的集散地。因而图书馆还应当树立起这样的观念,那就是文献的载体将不再单一,文献的存在形式将不再仅仅是看得见、摸得着的物理实体,文献传递的方式也不仅仅是书刊原件的借借还还,图书馆还增加了信息存储和传递的功能,图书馆的功能在时代的推动下将走向更加多样化,图书馆人的观念也应当有所突破。

高校图书馆的需求环境、运行环境以及功能的转变,促使图书馆走上转型之路,人们的观念也将在转型中发生变化。观念的转变将是图书馆实现转型的关键。

2. 实现技术手段的现代化

现代化的图书馆必须要有新的观念,同时还必须具备新的手段。当今图书馆离开了手段的现代化就很难实现现代意义上的多功能与开放型。尤其是高校图书馆,面对大量的高层次的用户以及文献收藏量与读者需求量之间日益突出的矛盾,如果仅限于传统手工的劳作,绝对无法解决。同时,图书馆的功能日益信息化,高校在教学科研中对信息的需求日益显现全面、准确、及时的特点,而这一切离开了现代技术,尤其是网络技术和计算机技术,就难以实现。

图书馆的现代化是以计算机技术的应用为标志的,今天的图书馆已不仅仅是利用计算机进行书目和借阅的管理,更重要的是图书馆将计算机与信息处理技术、网络技术、卫星通信技术、数据库技术以及现代管理思想结合起来,增加和强化了图书馆的功能,改变了原有的管理模式,使图书馆更开放。所以要实现图书馆的转型,必须实现技术手段的现代化。

高校图书馆除了文献信息的存储传递职能外,还担负着教育、培训用户的职能。今天的高校培养的是跨世纪的人才,他们必须掌握用现代化技术手段获取文献信息的本领,如果图书馆自身都不能实现手段的现代化,又何以培训用户呢?从这个意义上讲,高校图书馆的现代化也是整个高校实现教学科研手段现代化的重要组成部分,它将推动整个教学科研水平的提高,因而必须受到重视。

3. 提高人员素质和管理水平

改革开放以来,我国高校图书馆的人员素质发生了很大变化,学历层次普遍提高,学科结构更加合理。但是我们必须清醒地认识到,我们图书馆员的大多数是在传统图书馆模式下培养起来的,要适应并且管理好新型的现代化、多功能、开放型图书馆还有许多困难,因而必须继续学习和提高。钱伟长先生说:"今后,传统的图书和图书馆当然仍然会继续存在,但我们更要注意日益发展的新型图书馆……图书馆员不会失业,但必须是新型的。"[3]

转型期的高校图书馆必须将馆员素质的提高作为战略任务来对待。可以说,没有高素质的人才,就没有高水平的管理和高质量的图书馆,也就无法适应社会及高等院校的需求,转型也将受到严重阻碍。

面对世纪之交高校图书馆发展的新环境,图书馆必须确立明确的目标和方向,随时注意调整自己的对策和思路,抓住机遇,促进转型,为高等教育事业的发展做出积极的贡献。

参考文献

1 程亚男.图书馆与社会.北京:书目文献出版社(今国家图书馆出版社),1993

2 费孝通.面向多元一体化世界新格局的图书馆.中国图书商报,1996-08-23

3 钱伟长.图书馆是信息的来源和中心.光明日报,1996-08-26

原载于《宁波大学学报·教育科学版》,1998 年第 5 期

高校图书馆评估指标体系与高校图书馆发展模式

我国高校图书馆在20世纪末21世纪初的发展模式问题,是当前高校图书馆界普遍关注和正在探索的大问题。国家教委依照1987年颁发的《普通高等学校图书馆规程》(简称《规程》),于1991年下发了《普通高等学校图书馆评估指标体系大纲》(简称评估指标体系)。评估指标体系是《规程》的具体体现,是高校图书馆进行状态描述、评价估计的具有指导意义的文件和标准,同时,在探索高校图书馆的发展模式时,也不失为一个具有较高参考价值和指导意义的文件。本文想就其参考价值和指导意义进行一些探讨,或许能给各馆在评估中考虑今后的发展模式时提供一些参考和启示。

评估指标体系以体现现代化办馆条件和办馆水平为基调,以建成图书情报一体化的、为教学科研服务的学术性机构为目标,将实现现代化科学管理和规范化标准化管理、履行教育职能和情报职能贯穿始终,形成一个有机的整体。这正是高校图书馆的发展方向所要求的。将评估指标体系与高校图书馆的发展联系起来,我们不难看出,评估指标体系在某种意义上确立了今后高校图书馆发展模式的某些原则。

一、高校图书馆应当真正成为学术性机构

《规程》中开宗明义第一句就指出:“高等学校图书馆是学校的文

献情报中心，是为教学和科学研究服务的学术性机构。”学术性机构的确立，事实上确定了高校图书馆的性质，同时也确定了作为学术性机构必须具有的人员素质、人员结构、科研能力、学术水平、学术交流活动及科研活动、研究成果。

评估指标体系中规定：专业人员中大专文化程度以上者需达到60%以上；本科院校与专科院校中的高、中级职务人数与专业职务人员总数的比例应当为50%与35%以上；配备规定的结合本校主要学科的各类专业人员；重视培养高层次的学科专家。这些规定，在人员素质及结构方面确立了高校图书馆的学术研究性质，为高校图书馆提供了一个参考模式，即既有能进行一般服务的人员，同时又有能提供专门的高深层次服务的专门学科及高层次学科专家；既能进行一般的业务活动，同时又具备较高的专业水平，进行科学研究。这样一个模式的提出正为学术性机构奠定了坚实的基础。

评估指标体系同时规定了高校图书馆作为学术性机构应当开展的学术活动及应当具备的科研能力和研究成果，如组织学术报告会、经验交流会、专题研讨会；参加国内外学术交流；承担或参加有关科研任务；每年在刊物上发表论文、译文等学术性文章、出版专著人次占全馆专业人员数的5%以上；每年参加各种学术交流活动人次占全馆专业人员数的5%以上，科研成果得到奖励及推广等。这些指标规定了高校馆作为科研学术机构应当具备的与科研机构相同的职能和模式，突破了一般服务性机构的局限。评估指标体系中，学术性机构这一思想被分解、量化为许多具体的指标，体现在整个体系中。为了强调形成学术性机构模式的重要性，评估指标体系还专门附加了科研成果20分。

二、形成图书情报一体化的，能够提供高深层次服务的机制

近现代图书馆与古代图书馆最大的区别在于它的开放性，在于它能使文献得到利用。在信息时代，文献的利用将走向更深层次，不仅

提供一般的文献服务,还将提供情报信息服务。为此,评估指标体系规定:各校应当建立校图书情报委员会,有正常活动,图书情报统一管理,发挥整体效益。这在图书情报一体化上确立了组织机构形式。同时,评估指标体系还规定了在图书情报一体化过程中应当提供高深层次的服务,即开展参考咨询,编制各种专题书目、索引;编译二次、三次文献,出版情报刊物;代检索课题与定题服务;承担情报调研课题;采取多种形式对读者进行系统的检索和利用文献的教育。这些规定提供了一个从一般图书借阅服务走向图书情报一体化服务的模式。尽管这些规定大多只是定性指标,没有量化,但它却确立了高校图书馆的发展目标,确立了高校图书馆应当形成并具备图书情报一体化的、能提供高深层次服务的运行机制,这是高校图书馆发展模式中的一项重要内容。

三、确立开放、方便、高效、及时、准确、有效的基础服务原则

尽管高校图书馆的性质及其发展方向应当是能够提供高深层次服务的图书情报一体化的学术性机构,但仍然离不开基础服务这个根本。在评估指标体系中特别强调基础服务工作,一是规定了接近于全天候服务的模式,要求每周开馆阅览时间不少于70小时;二是规定了服务的有效性,即持证读者年人均阅览次数达到或超过40人次,外借书刊册次达到或超过30册;三是规定了服务的开放性,要求开架书刊占馆藏总数的25%以上,这是服务的方向,服务的必然趋势,是图书馆由封闭走向开放的模式之一;四是提供服务的及时性,即缩短文献加工周期,这是信息时代对文献工作者的必不可少的要求;五是高效率地提供服务,即流通阅览人员工作效率年人均达到10 000册次;六是做好各种目录工作和宣传工作,为读者准确传递馆藏信息。

将基础服务指标与高层次服务指标综合起来,将为我们提供一个考虑今后服务模式的参考系数,那就是以基础服务为本,基础服务与

图书情报一体化服务、高深层次服务相结合的模式。

四、构成合理的文献资源结构及合理的藏书布局

在图书馆,无论开展什么样的活动,都离不开文献资源这一物质基础。合理的文献资源结构和合理的藏书布局能够使图书馆提供高效益的服务。评估指标体系将此作为重要一环,提出:有严格的采集方针、采集制度、交换制度,积极参加本地区本系统的文献采集协作;藏书的专业结构合理,重点学科文献收藏齐全,馆藏在全国、省(部委)具有五个以上学科文献优势;藏书布局合理,方便读者借阅;形成藏书复审、剔旧工作规章制度等。这些指标虽然仅局限在一般原则上,但是我们可以看到,评估指标体系要求的是一种适用于本校教学、科研及能够为教学、科研的发展提供有效服务的藏书结构,这是在藏书模式中必须考虑的问题。在这里,评估指标体系提出了图书馆的协作问题,提出了图书馆走向社会化、资源共享的问题,虽然未明确提出社会大图书馆这一概念,但是协作采集的结果必将促使一个地区、一个系统的图书馆联合为一体,实现资源共享,这是图书馆事业发展的必然趋势,当然,这个大联合体的内涵除资源共享外,还应当有更深厚的含义,还有待于深入研究。

五、形成科学化、现代化、规范化、标准化的管理体系

现代化的图书馆必须有现代化的管理方式,必须实现科学化、规范化、标准化管理,必须应用现代化技术手段和设备。评估指标体系特别注重这一点,在每个指标中都充分考虑到了现代化对图书馆的要求,同时,专设了现代化技术水平和科学管理水平两个专门的一级指标。从计算机技术、视听技术、复印技术、缩微技术、光盘技术的应用

到人员管理、行政管理、科研管理及业务工作规范化、标准化等都做了细致的规定，制定了相应的指标。评估指标体系明确指出：现代图书馆的重要标志之一是计算机管理技术的应用，为了实现计算机管理，在图书馆的各项工作中必须实现严格的科学化管理，业务工作必须做到规范化、标准化，使之形成一个严格的科学体系。在探讨图书馆的发展模式时，必须注重这一体系的形成并注重现代化技术与业务工作有机结合的方式。

六、建成保障图书馆运行的机制与组织机构

图书馆是一个需要正常运行的系统，在整个系统中包含着许多子系统，以上所述指标统属于系统指标。子系统的运行影响着整个系统的正常运行，而整个系统的正常运行又取决于组织机构与运行机制。评估指标体系规定：图书馆直属学校领导，实行院校长领导下的馆长负责制，有一名院校长分管图书馆工作；领导班子健全，部室设置合理，有利科学管理和便利读者；设立校图情委员会，全校图书情报统一管理。这些指标未做量化规定，却提出了质的要求，这些要求正是我们在考虑发展模式时必须考虑的。

在探讨高校图书馆的发展模式时，联系评估指标体系确实能得到不少启发。评估指标体系尽力想体现出高校图书馆的现代化管理模式，而各馆在考虑今后的发展方向时也将目光投向了现代化，这一目标上的一致性，促使评估指标体系成为高校图书馆发展模式探索的参照系之一。又因为评估指标体系是《规程》的具体体现，《规程》则是高校图书馆发展的依据，所以，评估指标体系又能够在探索高校图书馆的发展模式中起到引导作用。高校图书馆的发展是开放型的，在评估指标体系中，绝大多数指标是开放型的，许多定量指标只有下限，而无上限，这就为探讨高校图书馆的发展模式提供了一个最起码的要求。

综上所述，高校图书馆评估指标体系对于探索高校图书馆的发展模式确实具有参考价值和引导意义。然而，这个指标体系毕竟是对高校图书馆现状进行描述、评价、分析的一个标准，参照它探讨高校图书馆的发展模式，不可避免地具有一定的局限性，必须引起足够重视。

（1）评估指标体系大纲的颁布早于《中国教育改革和发展纲要》（简称《纲要》），高校图书馆作为教育系统的一个重要组成部分，其改革与发展应当适应整个中国教育的改革与发展。《纲要》所提出的改革发展方针的关键在于体制的改革、运行机制的改革，在考虑自身的发展模式时，也应当突破评估指标体系的局限，对高校图书馆的体制及运行机制进行重新考虑，同时应当有一定的超前意识，至少应当与高校的改革和发展同步进行。

（2）评估指标体系大纲确定之时，我国经济建设正在腾飞，但尚未明确提出社会主义市场经济理论。社会主义市场经济体制的确立，使高校将逐步打破原来计划经济体制下的“中央高度集中，直接行政管理，国家统一‘三包’，纵横条块分割”《纲要》的束缚，走“政府办学为主，社会各界参与”（《纲要》）的道路，实际上就是逐步走上一条国家投资为主、学生缴费和社会集资为辅——学生缴费和社会集资为主、国家资助为辅的道路。在市场经济浪潮的冲击下，高校图书馆应当怎么办，是一个值得深入探讨的问题。有人提出了“一馆两制”的设想，这是适应市场经济发展的新思考、新路子，是否是唯一模式，可以再探讨，但评估指标体系由于时间的局限，对于高校图书馆如何适应社会经济的发展、适应市场经济体制未做考虑，在探索高校图书馆的发展时必须有所突破。

（3）评估指标体系所描述的是一个有着普遍意义的模式，各个不同类型的高校馆应该独领风骚，各具特色，不应有统一模式；应当百花齐放，不应千篇一律。因此，在探索发展模式时应该考虑自身的地位、任务、职能，同时坚持科学性原则，不脱离图书馆及图书馆事业自身发展的规律，形成一个符合本国国情、本省省情、本校校情、本馆馆情的模式。

(4)评估指标体系所提供的是图书馆发展模式的原则,还没有形成一个可行的发展模式,各馆必须在此基础上做大量的探索、研究,方可形成一个可行的、操作性强的模式。

结合评估指标体系探讨高校图书馆的发展模式,有一定的可行性,也不可忽视其局限,本文的探讨或许有益,也难免挂一漏万,仅供同仁们参考。

参考文献

1 国家教委. 普通高等学校图书馆规程. 国家教委〔87〕教材图字 009 号,1987 - 07 - 25

2 国家教委. 普通高等学校图书馆评估指标体系大纲. 国家教委教备〔1991〕79 号,1991

3 中共中央,国务院. 中国教育改革和发展纲要,1993 - 02 - 13

原载于《云南图书馆》,1994 年第 2 期

新世纪高校图书馆发展的新要求
——基于《普通高等学校图书馆规程(修订)》的学习与思考*

教育部及全国高校图书情报工作指导委员会组织修订的《普通高等学校图书馆规程(修订)》经过两年多的努力,已于2002年2月由教育部正式颁发。新《规程》的颁发标志着我国高校图书馆的发展建设将进入一个新的历史发展时期。

1 关于《规程》的修订

这次《规程》修订的指导思想和目的是非常明确的。首先是要站在新世纪的高度,把握图书馆发展建设的总趋势,为我国高校图书馆今后的发展建设拟定明确的目标和方向;其次是要通过《规程》的修订,更新高校图书馆的办馆思想和办馆理念,使我国高校图书馆的发展建设与国际接轨;其三是强调《规程》对高校图书馆的宏观指导,尽量避免具体工作的罗列和对工作细节的琐碎描述;其四是强调《规程》具有一定的继承性和政策延续性,既保留原《规程》合理的部分,同时又要有新发展,并且使新《规程》能够对高校图书馆今后至少十年的工

* 本文原标题为《学习新〈规程〉,迎接高校图书馆事业发展的新高潮》,考虑到原标题不能充分反映本文的内容,本次结集时改为现标题。——作者

作有所指导；其五是强调与我国现行相关法规的一致性，如教育法等。通过努力，《规程》的修订基本达到了上述目的。

2 新《规程》的重要意义

本次《规程》的修订具有划时代的重要意义，我认为可以从以下几个方面加以理解：

（1）新《规程》是指导新世纪高校图书馆工作的纲领性文件，具有极强的指导意义。新《规程》对高校图书馆在现阶段的性质、任务、管理体制和组织机构等一切与高校图书馆活动有关的内容都有明确的规定，因此对高校图书馆的工作具有极强的规范工作的指导作用，并且具有一定的法规作用和权威性，各高校图书馆必须遵照执行。在这里需要理解的是，对于一份纲领性文件，它所包含的内容必须能全面反映各级各类高校图书馆的实际情况，对高校图书馆工作的定位必须体现一定的高度。因此对于一些实力较弱的小型馆，新《规程》的定位以及提出的各项任务和工作指标可能难以实现，但是新《规程》所提出的纲领性目标和方向无论什么类型的高校图书馆都应明确把握，并努力去实现。

（2）新《规程》体现了与时俱进的时代特征。新《规程》在修订过程中非常注重图书馆工作的最新发展以及发展趋势，如知识经济时代社会需求对图书馆的影响，信息化、自动化、数字化、网络化对图书馆的影响，文献信息多元载体对图书馆的影响，深化改革对图书馆的影响等，在新《规程》中充分体现了图书馆工作的新变化和新发展，因而也有更好的适应性。

（3）新《规程》是一份学术性很强的专业指导文件。新《规程》本身具有较强的专业指导性，这一专业指导性源于对图书馆学深刻的研究和对新世纪图书馆发展趋势的准确把握，这是一份对高校图书馆研究成果高度提炼和高度浓缩后的产物，因此认真领会其包含的学术思想，对于我们深入研究图书馆工作将有极大的好处。

(4)新《规程》具有良好的导向功能。对于新世纪我国高校图书馆如何发展的问题，很多方面都还在探索中。新《规程》明确规定的性质、任务等起到了很好的导向作用。

(5)新《规程》具有前瞻性，指明了今后高校图书馆发展建设的趋势、目标和方向。

3 新《规程》的主要变化

3.1 结构方面

新《规程》在结构上做了大的调整，将原来的六章36条扩展成了八章41条。最明显的变化是：

(1)将原来的第二章业务工作一分为三，扩展成了文献资源建设、读者服务、科学管理三章，列为三、四、五章。这一扩展的深刻意义在于更加突出了这三方面工作在图书馆工作中的重要地位，使业务工作的内容更加专门化。

(2)将原来置于业务工作之后的“领导体制和组织结构”改名为“管理体制和组织结构”，并提到了第二章，突出了图书馆管理体制及行政管理的重要性。

(3)删去了一些条目，新增了一些条目，对一些条目的表述进行了较大的改变，使其更加符合现代图书馆的要求。如第一章总则(原名“性质和任务”)由原来的两条扩充为三条，并将主要任务中的7项压缩成为5项，使内容更集中、精炼。

3.2 内容方面

新《规程》在内容上更讲究时代特征，文字表述上更精炼、更准确，对高校图书馆的要求更高。

(1)强化了“信息”意识。新《规程》在总则中明确规定了“高校图书馆是学校信息化和社会信息化的重要基地”。这不仅是新《规程》新增的内容，更重要的是对高校图书馆的信息功能给予了明确的肯定和定位。同时，新《规程》在第一章第三条第（三）款中还将原来的“开展用户教育……”等内容改为了“开展信息素质教育，培养读者的信息意识和获取、利用信息的能力”。这些改变都明确指出了今后高校图书馆的服务重心将转为面向学校及社会进行“信息化”服务。

（2）强调了现代技术的重要性。新《规程》第三条规定：“高等学校图书馆应积极采用现代技术……”，第二十三条又进一步强调：“高等学校图书馆应积极采用现代化技术手段，严格遵循相关的国际国内标准，加强自动化、网络化、数字化建设，并随着新技术的应用调整作业流程，改变管理办法。”这些新增条目，体现了对采用现代化技术的重视。

（3）突出了文献资源建设的多元化。新《规程》第三条第（一）款规定：高校图书馆的任务之一是“建设包括馆藏实体资源和网络虚拟资源在内的文献信息资源”，同时在第十条中规定：“在文献采集中应兼顾纸质文献、电子文献和其他载体文献，兼顾文献载体和使用权的购买。”第十一条规定：“开展特色数字资源建设和网络虚拟资源建设，整合实体资源与虚拟资源，形成网上统一的馆藏体系。”

（4）强调了文献保障体系建设以及资源共建、共知、共享的整体化建设，同时对各馆提出了积极参与文献保障体系建设的具体要求。在第三条第（五）款中规定：“积极参与文献保障体系建设，实现资源共建、共知、共享，促进事业的整体化发展。”第十一条中规定：“高等学校图书馆应根据学校教学、科学研究需要，根据馆藏特色及地区或系统文献保障体系建设的分工，开展特色数字资源建设和网络虚拟资源建设，整合实体资源与虚拟资源，形成网上统一的馆藏体系。”

（5）强调图书馆对全校文献信息工作的组织协调作用。如第三条第（四）款规定：“组织和协调全校的文献信息工作，实现文献信息资源的优化配置。”第八条规定：“高等学校的院系（所）资料室是全校文献保障体系的组成部分，在业务工作和资源配置上，接受学校图书馆的指导与协调。”

(6)对馆长人选及工作人员提出新的更高的要求。第五条规定：“馆长和主管业务工作的副馆长必须具有高级专业技术职务或具有硕士以上学位。”老《规程》仅提出了政治素质的要求。第二十九条规定：“高等学校应加强图书馆的专业队伍建设，按照合理的结构比例，有计划地聘任多种学科的专业人员。高等学校图书馆的专业人员应具有大专以上学历，其中本科以上学历者应逐步达到60%以上。”老《规程》则要求“大专以上文化程度的应逐步达到60%以上”。这些规定不仅对图书馆的人员提出新的更高的要求，同时也从一个侧面反映了图书馆工作的发展。新《规程》对高校图书馆工作人员的数量没有做量的规定，这应当说给各高校图书馆以更多的自主权，我理解是体现了因事设岗、因岗设人的改革思路，突破了计划经济体制下的用人观念。

(7)强调了“读者第一，服务育人”的宗旨。新《规程》将读者服务专列为第四章，对服务时间、服务内容、服务手段、服务规则都做了许多新的规定，并且强调了网上资源服务、电子信息服务和向社会开放服务等。另外在新《规程》第十六条中明确规定“网上资源的服务应做到每天24小时开放”。另外新《规程》的十九条还明确规定了读者拥有的合法权益，即“保护读者合法、公平地利用图书馆的权利”。

(8)对经费、馆舍、设备未做量的规定。各图书馆都希望新《规程》是个尚方宝剑，可以凭此向上级要钱、要物、要人。但是这次拟定的新《规程》在经费、馆舍、设备上未做量的规定，这一变化多少让人感到失望，但实际上是给了各校更多的自主权。因各校发展的不平衡，硬性规定后反而不利于一些学校图书馆的发展，好在评估指标将对此进行量化，并进行分类指导。

4 对我省高校图书馆贯彻执行新《规程》的几点建议

4.1 加强学习、宣传、贯彻新《规程》的组织领导

新《规程》颁布后,其他各省、直辖市、自治区高校图工委都组织了相应的学习或研讨,并与教育厅或教委联合向各高等学校和高等学校图书馆下发了学习、宣传、贯彻新《规程》的通知或要求或决定,目的是引起教育主管部门和各高校的重视,以得到更多的关注和支持。

4.2 对照新《规程》,把握发展方向,找出奋斗目标

学习、贯彻新《规程》目的是要推动自身工作。建议各馆以积极的态度认真对照新《规程》,找准自身发展的目标和方向,拟定出本馆今后发展计划,使各馆逐步达到新《规程》的要求。

4.3 重点工作要进行专门研究,加大力量进行建设

当前必须注重自动化、网络化建设、文献信息资源建设和工作人员队伍建设,与此同时要注重读者服务工作和科学管理工作的改革与创新。

4.4 建议图工委加大对云南省高校图书馆发展建议的指导作用,加大对整体化建设、文献资源保障体系建设的力度

我们在这方面已起步过晚,再不抓紧这项工作,将非常落后。自动化、网络化、数字化带给我们最大的好处就是能够方便地进行文献信息资源的共知、共建、共享工作,使资源共享成为现实。我们认为,一是建立完善的组织领导机制,立项建设;二是与 CALIS 的各个项目尽快接轨;三是要注重建设特色数据库;四是进行建设的可

行性、针对性研究；五是要加强人员的培训；六是要建立统一规范的管理办法，即在共知、共建、共享工作中还要体现共管的思路；七是建立专业委员会，对云南省高校图书馆的发展进行专项研究和建设。

5 贯彻执行新《规程》与高校图书馆的评估

大家在学习新《规程》中也许都发现了一个重要的情况，就是新《规程》对许多具体工作多是进行了定性的描述，而很少有定量指标。比如最突出的工作人员比例、经费比例等。没有定量指标的控制，对于每一个具体图书馆如何贯彻执行《规程》便增加了难度，对于评价一个图书馆工作的优劣也很难把握其标准。之所以有这一情况，我认为与《规程》修订过程中“强调《规程》的宏观指导性，尽量避免具体工作的罗列和对工作细节的琐碎描述”等指导思想是分不开的；另外也考虑到了各馆更多的自主办馆权。如何解决《规程》的原则定性与具体操作之间的矛盾呢？在《规程》修订过程中，实际已关注到了这一问题，那就是在《规程》执行过程中，必须有一个与之相配套的高校图书馆评估指标体系。因此当《规程》正式颁布之前，指导委员会就进入了评估体系的拟定工作中，并于 2002 年 6 月向各馆下发了普通高校图书馆评估指标征求意见初稿。

为了使评估指标体系能够真正体现新《规程》的要求，具备可操作性，教育部全国高校图书情报工作指导委员会将讨论和制订新的评估指标体系作为了 2002 年 8 月在兰州大学召开的第三次工作会议的主要议程。这次会议讨论的意见大致可归纳为以下几点：

(1)为贯彻执行好新《规程》，尽快拟定新的评估指标体系是非常必要的，这项工作还必须加快速度进行。

(2)拟定评估指标体系的指导思想要明确，首先要明确评估指标体系是新的《规程》的配套文件，是新《规程》的补充，它的意义在于帮助各馆检查在贯彻执行新《规程》方面存在的问题，从而实事求是的进一步改进工作，而不能将其视为评比先进的条件。

(3)指标体系应当体现科学性、先进性、导向性和可操作性，如各项内容的编排顺序、分值的比例、指标的量化等。

(4)评估指标应当细化，加大量化指标的比例，必须突破平均主义，即在分值比例方面应突出重点，如办馆条件、文献建设、读者服务的权重应加强。办馆条件中又应突出经费、人员、馆舍等基本条件的比重。

(5)可先试点，取得经验，对评估指标体系再行修改后下发。

原载于《云南图书馆》，2003 年第 2 期

世纪之交大学图书馆关注的热点问题*

21 世纪的到来，不仅意味着历史时间的更替和延续，同时也预示着一个新的伟大变革时代的来临。社会学家们称这个时代为“知识经济时代”。在这个时代，一切都是以知识为基础，所有财富的核心都是知识，所有行为都依赖于知识的存在，人们对于知识、信息的需求从来没有像今天这样迫切。这无疑给以传播知识、信息为目的的图书馆带来了极其难得的发展机遇。伴随着知识经济时代的到来，高新技术已广泛渗透到了人类生活和生产的各个领域。毫无疑问，高新技术广泛应用于图书馆，将使图书馆在管理模式、藏书结构、信息处理手段、服务机制、服务方式及服务功能等方面发生重大变革。

社会的变革、技术的更新以及随之而来的全球经济、文化多元一体化新格局的形成，使世界走向全面的开放。“世界将在多元一体化中求生存，得发展，要做到这一点，关键是要通过更多元的文化间的知识和信息的传播和交流”（费孝通语）。图书馆将在这一过程中成为多元文化的交汇点，与世界的联系将更加广泛和深刻，因而也将走向全面开放。

我们正处在一个激烈竞争的时代，而竞争的焦点就是人才的竞争。国家实施的科教兴国战略，将依靠科技进步和提高劳动者素质提

---

* 本文是作者于 1998 年 10 月 12 — 14 日在云南省高等“21 世纪的大学图书馆”学术研讨会上所做闭幕词的节选。原文题名为“积极探索，勇于实践，为促进云南省高校图书馆的转型而努力奋斗”。本次结集，节选原文的部分内容，并改为现名，以反映当时图书馆员们思考的热点问题。——作者

高到了增强综合国力、夺取21世纪经济制高点的高度。高等教育培养出来的人才能否适应社会发展的需要，并且成为新世纪强有力的竞争者，是我国高等教育所要考虑的核心问题。高等教育必须改革，作为高校“三大支柱”之一的高校图书馆责无旁贷地将在高校改革及人才培养方面做出应有的贡献。

综上所述，21世纪是一个知识经济占统治地位、高新技术全面渗透、社会全面开放、高等教育改革不断深化的全新的世纪。新世纪带给我们的不仅是发展的机遇，同时也是严峻的挑战。高校图书馆何去何从，有许多理论问题要探讨，实践问题要思考，需要不断从理论和实践上总结历史、研究现实、预测未来。正是从这一点出发，我们将“21世纪的大学图书馆”定为了这次研讨会的主题。围绕这一主题，我们进行了广泛深入的思考和讨论，并达到了预期的目的。围绕“21世纪的大学图书馆”这一主题，研讨会主要从以下几方面展开了讨论，反映了高校图书馆员们在世纪之交关注的热点问题。

一、高校图书馆的发展趋势、发展模式以及高校图书馆的转型

图书馆是一种社会现象，社会的发展和进步将导致图书馆的发展和进步，社会发展水平与技术水平决定着图书馆的发展水平。社会现正处在重要的转型期，高校图书馆也将毫不例外地步入转型的行列。社会发展及高校的改革要求高校图书馆由传统、单一、封闭型的图书馆向现代化、多功能、开放型的图书馆转型。走现代化、多功能、开放型图书馆的道路是高校图书馆发展的必然趋势，也是高校图书馆的发展模式。高校图书馆必须紧紧把握这一大方向，在理论上和实践中对转型进行深入探讨，以保证高校图书馆更好地履行自身的职能。从论文中可看到，经过这些年的努力，我省高校图书馆已形成了转型的共识，论文的大部分都紧紧扣住了转型这一基本思路，从各个不同的侧

面对高校图书馆的发展和建设进行了论述，为促进云南省高校图书馆实现全面转型打下了良好的思想基础。

二、关于如何转型的问题

与会者对如何转型提出了许多颇具见地的观点。主要有：第一，转型的关键首先在于观念的转变。现在的高校图书馆还没有完全从传统的封闭、保守思想的束缚中解放出来，遇到问题仍然习惯于用传统、单一、封闭的思维模式进行思考。这种思维方式及习惯不转变，必将影响图书馆的转型。第二，转型的基础是实现技术手段的现代化。图书馆离开了技术手段的现代化就很难实现真正意义上的转型。现代科学技术的发展，尤其是数字化、电子化、网络化、虚拟化图书馆的发展，为我们提供了良好的发展条件和发展机遇。只有依靠现代科学技术在图书馆的广泛应用，图书馆才能实现多功能，也才能走向全面开放，因此，转型期的高校图书馆必须注重现代化建设。第三，转型的保障是人员素质的提高和管理水平的提高。现代化、多功能、开放型的图书馆必须要有高素质的人才和高水平的管理作保障。转型期的高校图书馆必须将馆员素质的提高作为战略任务来完成，没有高素质的人才，就没有高水平的管理和高质量的图书馆，也就无法适应高校教学科研的要求。

与会者普遍认为：面对新世纪高校图书馆发展的新环境，图书馆必须确立明确的目标和方向，随时注意调整思路和对策，抓住机遇，促进转型，为高等教育事业的发展做出积极的贡献。

三、关于自动化、数字化、电子化、网络化等现代化建设

自动化、数字化、电子化、网络化是高校图书馆实现现代化的重要标志之一，也是下个世纪高校图书馆发展的必然趋势。对该问题的研

究,已成为当代图书馆学研究的重要内容之一。这次研讨会中,有的论文从宏观方面论述了实现技术手段现代化的重要性和必要性,有的论文则从某一具体的建设方面进行论述;有的论文是理论的探讨,有的则注重实践经验的总结。大多数论述则结合图书馆业务工作的实际以及在自动化、数字化、电子化、网络化环境中如何实现图书馆的功能,如何改变传统图书馆的服务模式和管理体制等方面进行论述,对于处在转型期的高校图书馆如何实现在现代化环境中开展业务工作有很大的启发作用。

四、关于文献信息资源的建设与利用

这是一个实践性很强的问题。现代科学技术在图书馆的广泛应用,将使图书馆在文献信息资源建设和利用方面发生深刻的变革。首先,文献的载体不再单纯是印刷型的,大量的信息将以高密度的电子形式存储在电子计算机内或新媒体上,如磁盘、光盘等;其次,文献信息的存在形式已不再仅仅是看得见摸得着的物理实体,很多信息实际存储在网上或其他信息机构中,可通过网络来获取;其三,利用信息的手段将走向高度自动化,同时,各种信息媒体的传递将由分散形式转为一体化形式;其四,信息网络的建设,将使文献信息机构联为一体,文献资源的共享将成为现实;其五,由于数据库技术的广泛应用,大量的信息经过有序化处理,使图书馆在文献信息的收集、加工、整理及利用的方式和手段方面都将发生重大变化。这些变化带来的是文献信息资源建设和利用方面观念的更新和转型,今后文献信息资源建设和利用将是在网络环境下,以共建、共享为基本思路进行的,任何一个图书馆都是文献信息资源建设系统的组织者,同时也是信息系统的利用者,这是文献信息资源建设的总趋势,也是最终解决目前严重的供需矛盾的最佳途径。虽然从总体上看,云南省高校图书馆在资源共建、共享方面尚处于低级阶段,但有些论文就资源共建和共享问题所进行的理论探讨和对现阶段如何实现资源共建、共享的设想,是极其有益的,很值得我们思考。

五、关于图书馆的功能与服务

为读者服务,始终是图书馆的主要功能。本次研讨会的论文中,约1/6涉及此问题。相当一部分文章从现代化图书馆的角度分析了图书馆功能和服务方式的转变,也有部分文章介绍了本馆在强化图书馆功能及搞好服务方面的经验。许多论文将图书馆的服务与知识经济时代、图书馆转型、图书馆自身建设、图书馆形象塑造、图书馆管理及精神文明建设、素质教育、用户培训、读者工作等结合起来进行讨论,使讨论更加深入,更具特色。

六、关于图书馆员的形象塑造及馆员素质的提高

图书馆员是图书馆工作的主体,也是图书馆实施转型战略的主力军。许多馆员在工作实践中都意识到了图书馆员形象塑造及素质提高的重要性,并对自身修养提出了更高的要求。在入选的论文中,大约有1/5的文章直接论述了该问题,大多数论文将馆员放在知识经济时代、社会转型、图书馆转型的大背景下进行讨论,使图书馆员的形象塑造和素质提高问题的讨论更具时代特色。这方面的论文较全面论述了高校图书馆员形象塑造及素质提高的主要基础、主要内容、主要要求等,有的论文还提出了具体措施,还有的论文在分析了馆员们所面对的大环境后,明确提出了图书馆员转型的问题,值得我们思考。

七、关于图书馆管理

图书馆的管理是一个复杂的问题,这种复杂性在现代化技术手段被引入图书馆后更加明显。我们知道,当我们使用现代化技术手段的同时,事实上是在学习一种新的管理思想和管理方法,这里存在着一个转变管理观念的问题。具备什么样的管理思想和管理方法,采取什么样的管理模式、管理体制管理图书馆,才能适应现代化图书馆发展的需要,入选的论文各抒己见,有的论文将图书馆馆长作为具体体现管理水平的关键,有的论文对管理体制和管理模式提出了设想,这些都为我们对图书馆的管理进行更深层次的探讨奠定了基础。

本次学术研讨会讨论的内容是广泛的,除以上内容外,还涉及图书馆哲学、图书馆文化、图书馆美学、图书馆与高等教育的关系、图书馆与社会的关系、图书馆与精神文明建设的关系以及图书馆学学科建设等内容,这里恕不细述。

本次学术研讨会从某种意义上说,是对我省高校图书馆员队伍的大检阅。我们在这次学术讨论会上看到了许多新人、新作,这是值得我们引以为豪的,我们的学术研究成果累累,我们的队伍后继有人。本次学术研讨会即将结束,但是我们的学术研究还在继续,这次学术研讨会中的许多命题还需要进一步思索和探讨。我们相信,通过积极探索和勇于实践,我们必将获得更加丰硕的研究成果,并在促进我省高校图书馆向现代化转型的过程中做出应有的贡献。

原载于《21 世纪的大学图书馆论文集》,云南科技出版社,1999 年 5 月

21 世纪我国大学图书馆员转型的思考*

1 图书馆正在转型

新世纪的钟声即将敲响,伴随着钟声到来的是历史时间的更替和延续,同时也预示着一个新的伟大变革时代的来临。未来学家们称这个时代为“知识、信息时代”。由于伴随这一时代到来的是凝聚着高新知识成果的高新技术(信息技术、航空航天技术、生命科学技术、新材料技术等)的广泛应用以及知识和信息的前所未有的广泛传播和交流,因而这一时代的变革比200多年前农业社会向工业化社会的变革更加有力,更加广泛,也更加迅速,它将影响全世界,并波及全社会各个领域,促使各行各业发生转型。

图书馆是一种社会现象,社会的发展和技术的进步将导致图书馆的发展和进步,社会发展水平与技术水平决定着图书馆发展的水平[1]。当今时代是以知识、信息为最重要因素,并以此主宰世界命脉的时代。在这个时代,“一切都以知识为基础,所有财富的核心都是知识,所有经济行为都依赖于知识的存在”[2]。同时,全世界人民对知识和信息的渴求从来没有像今天这样迫切,知识和信息也从来没有像今

* 本文原作没有小标题,本次结集出版时,为使文章内容更为明确,增添了小标题。——作者

天这样能够将全世界联结在一起,并产生巨大的社会效益和经济效益。尤其是靠信息技术发展起来的信息产业,在很大程度上改变着人类的生活,促进着社会的转型。据报道,“在发达国家中,信息产业的产值已占国内生产总值45%至57%,从事信息产业的劳动力已占社会劳动力总数的50%以上。有关专家认为,美国经济连续六年的高增长,很大程度上是信息产业的发展带动的”[3]。从世界范围看,我们已进入以信息业为支柱产业的信息时代。图书馆是社会信息系统组成部分之一,社会的发展和信息技术的广泛应用,给图书馆带来了一个极其重要的发展机遇,这一机遇必将促使图书馆由现在意义上的“文献借阅场所”向未来意义上的“知识、信息集散地”转型。这在图书馆的发展史上将具有划时代的重大意义,就像19世纪图书馆由面向少数人服务的“藏书楼”转向面向广大公众开放的“书刊借阅厅”一样,图书馆将产生质的飞跃,这一飞跃是时代的必然。尽管从我国的经济发展水平和技术条件等方面考察,我国图书馆实现转型的任务还非常艰巨,与发达国家相比还有相当大的距离,我国的图书馆在较长时间内仍然会保持原来的形象——即“文献借阅场所”的形象,但我们也应看到,在全球信息革命的推动下,我们也将步入转型的行列。事实上,目前在我国各类型图书馆已经开始的计算机技术的应用、新型载体文献的收藏和使用、专题文献数据库的建设和使用、网络技术的应用以及国家在“金”字工程建设方面所付出的努力等,都在不同程度地促使图书馆走上向“知识、信息集散地”转型的道路。

2 图书馆员也应当转型

图书馆员作为图书馆工作的主体,面对图书馆的转型应当怎么办呢?毫无疑问,也应转型。钱伟长先生说得好:“今后,传统的图书和图书馆当然仍然会继续存在。但是我们更要注意日益发展的新型图书馆……图书馆员不会失业,但必须是新型的。”[4]这种“新型的”无疑是与现在意义上的图书馆员相区别的。我们知道，现在意义上的图书馆员是以“文献管理员和文献服务员”为自身特征的，主要担负着对文献资料的收集、整理、保存和传递的任务，其重点是将文献载体（含非纸型资料）提供给读者，以满足人们普遍的阅读需求和对精神文化知识的积累性需求。信息时代的到来，对图书馆的发展将产生很大的影响。首先是文献的载体不再单纯是印刷型的，大量的信息将以高密度的电子形式存储在电子计算机内或新媒体上，如磁盘、光盘等；其次，文献信息的存在形式不再仅仅是能看得见摸得着的物理实体，很多信息实际存储在网上或其他信息机构中，可通过网络来获取；其三，计算机、信息技术将在图书馆得到广泛应用，获取和传递信息的手段将走向高度自动化，同时，各种信息媒体的传递将由分散形式转为一体化形式；其四，信息高速公路建成，全世界的文献信息机构将结为一体，形成所谓的大图书馆，文献资源的共享将成为现实；其五，由于数据库技术的广泛应用，大量的信息经过有序化处理，使图书馆在收集、利用信息的手段和方式上都将发生重大变化。此时，图书馆将扩大其功能，以用高新技术手段建立现代化、多功能、开放型的信息网络系统为己任。衡量一个图书馆地位的标准不再局限于馆藏数量的多寡、馆舍面积的大小、阅览座位的多少、开馆时间的长短、开架率的高低，而在于收集和提供信息的能力如何，汇集网上信息的能力如何。随着这些变化，人们对于图书馆的要求也不仅仅是借阅文献，而是想获取某一方面更多、更有效的信息，人们利用图书馆也不一定要在规定开馆时间到图书馆来，而可随时随地通过与图书馆联结的网络进行，使图书馆真正显示出“知识、信息集散地”的功能。正因为这样，图书馆员的作用也将发生重大变化，那就是成为与“知识、信息集散地”相适应的“信息系统的建设者组织者”和信息“使用的向导和顾问”（钱学森语），即“信息专家”。由“文献管理员和服务员”变为“信息专家”，正是图书馆员转型的核心，围绕这一核心，图书馆员的转型便有了极其实际的内容。

3 图书馆员转型的内涵

作为信息专家,首先必须具备信息专家应有的基本素质,那就是信息意识、信息知识和信息技能。信息意识从一定意义上可以认为是信息专家的入场券,它应当包含三方面的内容:一是信息系统的主人意识,靠着对信息强烈的渴求和敏锐的捕捉力,当好信息系统的建设者和组织者;二是信息传播与利用意识,使信息在传播和利用中产生最大的效益;三是信息开放与共享的意识,促使馆员有意识地置身于整个社会信息系统的大环境中,作为信息系统中的一员为全社会提供服务。信息知识可以说是信息专家的标志,它反映了馆员的学识水平和基本素养,它是馆员能够胜任工作的基本保证,它应当包括信息文化修养、信息获取知识、信息整理知识、信息加工知识、信息传播知识、信息交流知识、信息利用知识和信息存储知识等,总之,包括组织建设利用信息系统的一切知识。信息技能是信息专家必备的基本条件,它包含两个方面:一是技术,即计算机操作技术、信息管理技术、数据库应用技术、多媒体使用技术、网络使用技术等一系列引入图书馆的先进技术;二是能力,馆员的能力应当是综合性的。信息时代的图书馆是多功能、开放型的,要求馆员必须具备接受新思想的能力,学习并掌握新技术的能力,适应现代化管理方式的能力,创造性思维的能力,信息选择研究的能力以及综合解决问题的能力,同时还需要馆员具备建立良好公共关系的能力、广泛交流的能力以及进行用户培训的能力等。信息专家应有的基本素质之间是互相联系的,每个转型期的馆员都应有意识地注重基本素质的培养,为转型打好基础。

馆员的转型实质上是一个角色转换的问题。现在的馆员基本处在传统服务的环境中,大多扮演着管理员与服务员的角色。而信息时代的馆员所处的环境是整个信息大系统,他扮演的是信息专家的角色,他必须由一般管理员转换为信息系统的组织者建设者。今后,信息系统的建设与目前的文献资源建设一样对于实现图书馆的功能具有同等重要的意义，所不同的是信息系统的建设是全球多元一体化的。同时，信息时代传播信息的主要方式是通过培训用户并由用户通过自我服务来实现，因而馆员又要由服务员转换为辅导员。这一转换在大学图书馆尤其重要。今后的大学生，面临的是知识和信息的竞争，谁在知识、信息领域领先，谁就具有更强的竞争力。大学生的素质如何，其中一项重要指标就是利用高技术手段直接获取知识、信息并进行继续学习的能力怎样。未来的图书馆将减少用户与知识、信息见面的中间环节，因而馆员必须培训用户学会在信息系统中进行自我服务。

4 图书馆员转型的实现

馆员的转型须注重观念的更新，图书馆员在社会发展中一直处在辅助地位，在大学中则是教辅人员。然而随着信息时代的到来，这种观念将发生很大变化。信息时代是以信息业为支柱的，图书馆是整个社会信息系统中的一部分，在图书馆工作的人员也必将成为信息时代社会发展的主力军。这一观念的转变极其重要，它将促使馆员重新审视自己在社会中的地位，从而努力发挥主力军的作用，为社会发展做贡献。

转型期的馆员必须注重专业知识、专业技术的再培训。信息时代的到来，使得信息在存取方面将发生很大变化，图书馆员工作的环境和方式也一定会发生变化。同时由于图书馆业务工作的自动化和社会化，原本必须由单个图书馆各自为政进行的大量技术工作将由统一机构完成，图书馆员们一贯熟悉的业务技能将逐步被新技术所替代，馆员们必须掌握打开全球信息资源库的钥匙，学会怎样在多媒体环境下工作，怎样在网络中存取信息，怎样在数据库中获得信息等技术。尽管在我国现有的图书馆形态还会持续很长时间，但是新技术已经被引入,我们从现在起就必须注重新技术、新知识的学习。

图书馆员的转型是一个过程,它将与图书馆的发展同步进行。目前,我国各类型图书馆发展很不平衡,比较而言,我国的大学图书馆整体发展水平在全国同行业中处于领先水平,因此促使大学图书馆员们必须较早地考虑自身转型的问题。近年来,国家提出了科教兴国战略,加大了教育投入,并对教育科研手段的现代化给予了高度的重视。在国家的统一部署下,“八五”期间建成了中国教育科研网(CERNET),“九五”期间又启动了中国高等教育文献保障体系(CALIS)项目建设。这些都为大学图书馆的发展带来了机遇。同时,我国大学图书馆员的整体素质较高,加上大学本身特有的人才技术优势,使得图书馆能够较早使用先进的技术手段。据报道,我国大学图书馆,尤其是重点大学图书馆,都不同程度地使用了计算机技术、网络技术、多媒体技术和数据库技术等。这些新技术的引进,促进了图书馆的转型,同时也使图书馆员打开了眼界,为大学图书馆员的转型创造了条件,更为重要的是,面对已经开始的大学图书馆的转型,大多数图书馆员从心理和观念上都已接受了自身必须转型的事实,为图书馆员的转型奠定了良好的思想基础。

大学是人才密集区,是知识、信息的主要产地之一,也是知识、信息需求量最大的地方之一,随着知识、信息时代的到来,教学科研人员对信息的需求会更大、更多元化、更专业化,对知识、信息获取方式的要求也更高,这一方面将迫使图书馆加速发展,尤其是在现代化技术的使用方面不断提高,迫使图书馆获取信息的能力将始终走在其他类型图书馆的前列;另一方面也给馆员提高水平创造了学习的机会,加上大学里得天独厚的学习条件,通过馆员的努力,转型将成为现实。

从现代图书馆到未来图书馆之间存在一个很长的过渡期,尤其就我国的社会发展、经济水平和技术条件而言。在这个过渡期中,现在图书馆的职能将继续强化,同时未来图书馆的职能也将从萌芽发展成为主要职能。必须明确,图书馆员的转型是图书馆发展的必然要求,这一转型不可能脱离图书馆发展的规律,也不可能要求今天的馆员去做未来馆员的工作。大学图书馆的职能是教育职能和信息职能，这种职能将长期保持下去并不断增加新的内容，所不同的是，我们面对的信息、读者以及技术手段等都将发生根本的变化，图书馆员也正是在这种变化中使自己得到不断完善的。

图书馆员任重道远，面对新的挑战只有不断进取。本文将以下面两段话结尾，我相信它们将会带给我们更多的启示和思考：

“我们现在还处在传统作业的阶段，但很有可能我们哪一天会跳跃式地上了信息高速公路。那时候我们没有退路，只有握紧方向盘。但我担心的是我们没有驾驶执照，或者说没有多少开车的经验，我们会老是处于被动的地位。”[5]

“如果你踏浪前进的话，肯定会遇到波折，但如果你只在海边观潮的话，尽管海浪打不到你，但你将永远被抛在后面。也就是说，如果图书馆员在今天的信息社会中甘心充当观潮者的话，那么，这个专业就很有可能被淘汰。”[6]

参考文献

1,5,6 吴建中. 21 世纪图书馆展望——访谈录. 上海：上海科学技术文献出版社，1996

2 李义平. 关于知识经济的思考. 光明日报，1998 - 04 - 10(6)

3 冉永平. 从“汽车文明”到“信息文明”. 人民日报，1998 - 04 - 14(2)

4 钱伟长. 图书馆是信息的来源和中心. 光明日报，1996 - 08 - 26(2)

原载于《21 世纪大学图书馆的新使命——庆祝北京大学建校一百周年国际学术研讨会论文集》，北京大学出版社，1998 年 10 月

新型图书馆员形象塑造的基本要素

近年来,研究图书馆员形象的论著很多,但系统研究图书馆员形象塑造基本要素的论著尚不多见,本文想对此谈点粗浅认识。

1 研究形象塑造基本要素的意义

形象是事物特征的表现形式,任何事物都有不同于其他事物的形象特征,同一事物在不同环境下也会呈现出不同的形象特征。图书馆在古代以“收藏整理典籍”为目的,在人们心目中具有“藏书楼”的形象特征;近现代图书馆倡导向公众开放,图书馆不仅收藏整理文献,同时也向人们展示了“借阅书刊的场所”这样一个形象特征。时代发展到了20世纪末的信息网络时代,图书馆从馆藏到工作方式、手段都将大大超越近现代图书馆的模式,它将呈现“文献、信息集散地”的形象特征。

图书馆形象的变化,使图书馆员的形象也随之变化。古代藏书楼中的管理人员重在收藏整理典籍,因而产生了许多目录学家、分类学家、校勘学家等,他们的形象是以“文献整理专家”为特征的;近现代图书馆在文献整理的同时,加入了文献服务的内容,因而馆员的形象以“文献管理员与文献服务员”为其特征。那么,信息时代作为“文献、信息集散地”的图书馆员的形象应当是怎样的呢?许多专家学者都认为:现代图书馆员,应该成为信息专家或信息工程师。无疑,这一定位有其深刻的含义，道出了馆员在信息时代的形象特征。

一个事物之所以有与其他事物不同的形象，是因为事物的特征不同，特征不同则是因为构成事物特征的基本元素不同。新型馆员与传统馆员的形象不同，正是因为这二者形象特征的基本构成元素及其内涵不同。身为转型期的馆员，欲将自己塑造成为信息时代的新型馆员，必须了解和把握新型馆员形象特征的基本要素及其内涵，进而深层剖析新型馆员的形象，深化对自我的认识，并从中找到自我形象塑造的努力方向，以新的要求自觉地、有意识地塑造自我。这正是本文研究的意义所在。

2 新型馆员形象塑造基本要素的内容

基本要素是构成事物形象特征最本质的内容，也是最能准确、客观反映事物特征的东西。90 年代以来，随着现代科学技术，即卫星技术、光纤通信技术、计算机技术、数据库技术、多媒体技术及网络技术在图书馆广泛深入的应用，传统图书馆正在发生深刻的变革，这种变革最本质的是由传统单纯收藏文献及提供书、报、刊借阅服务转向多种载体、多种形式、多种手段的文献信息服务，因而馆员也将由传统单纯的“文献管理员和服务员”转变成为围绕文献信息这一主题开展工作的“信息专家或信息工程师”。钱学森先生在一次讲话中谈到，作为“信息专家或信息工程师”，应当担负起两大任务，即“信息系统的建设者”和信息“使用的向导和顾问”。所谓信息系统的建设是指以高新技术为手段实现信息的收集、整理、加工、开发和利用的全过程；信息使用的向导和顾问则是指以有效传播信息为目的，开展各项信息咨询服务及信息用户的培训和指导等项工作。毫无疑问，新型馆员形象的确立，必须以完成以上两大任务为前提，因而其形象塑造的基本要素就应当由完成以上两大任务的必备条件所构成，即围绕信息这一主题所必备的新的意识、新的知识、新的技能。

2.1 新的意识

所谓新的意识对于信息时代的馆员来讲,也就是信息意识。信息意识从一定意义上可以认为是信息专家的入场券,它应当包含三方面的内容:一是信息系统的主人意识,靠着对信息强烈的渴求和敏锐的捕捉力,促使馆员专心于信息事业,主动研究信息源,主动获取有用信息,当好信息系统的建设者和组织者。二是信息传播和利用意识,信息传播是信息收集、整理的目的,它是靠各种不同的服务手段和技术手段来实现的。自近代图书馆诞生以来,服务就成了图书馆员行为的宗旨。中外一代代图书馆员所表现出的最基本的形象便是默默无闻、无私奉献、不为名利、甘为人梯的服务精神。作为信息时代的新型馆员毫无疑问应当继承和发扬这种光荣传统,将全心全意为读者服务的精神永远铭记在心,同时赋予这一精神更加丰富的内涵。信息专家的服务意识应当表现为两个层次:第一层次是兢兢业业、认认真真做好服务工作的意识,这一层次无疑是传统精神的继续;第二层次则是以强烈的信息意识为基础,主动将信息与读者紧密结合起来,为信息需求者提供高层次的适应信息时代要求的、便捷、高效、及时、优质的服务的意识。很明显,第二层次是第一层次的升华和飞跃,更具时代气息,比第一层次更难做到。致力于信息时代图书馆事业的新型馆员应当努力完成第一层次向第二层次的升华和飞跃。三是开放意识,信息本身具有开放、共享的特点,开放意识是信息网络及信息资源共享环境下的必然产物。开放意识的形成并不容易,它要求馆员必须转变观念、开阔视野,以全球一体化的大图书馆的观念审视自己,主动参与社会交流,切实冲出自我封闭、自我保障、自我满足的思想束缚,真正使自己成为整个信息大系统中的一员。

2.2 新的知识

对图书馆员的要求历来是要有广博的知识和一定的学识水平。然而,随着信息时代的到来,仅靠传统意义上对图书馆员要求的知识素养显然是不够了。信息时代要求馆员首先必须具备信息知识,它包括信息文化意识的培养、信息获取的知识、信息整理的知识、信息传播的知识、信息利用的知识、信息交流的知识和信息存储的知识。"信息专家"的称呼是属于掌握了现代信息知识的馆员的。其次,馆员需在传统要求的基础上,摄取多元文化知识。高新技术的应用,缩短了国家间的距离,同时也使多元文化融合在了一起,图书馆成为信息中心及多元文化的交汇点。费孝通先生指出:"展望21世纪,世界将在多元一体化中求生存、得发展。要做到这一点,关键是要通过包括更多元间的信息传播与交流,消除由于政治、经济、社会、文化的不平衡性和差异性而产生的隔膜与矛盾。要做到这一点,有赖于更有效地发挥信息的交流作用,有赖于世界图书馆事业的迅速发展,以适应当今全世界人民的共同迫切需要。"[1]可以想见,处于信息中心及多元文化交汇点上的图书馆员负有多么重大的责任。为了不负众望,馆员们必须注重多元文化的吸收,注重知识的扩展,了解中国,也了解世界,了解多元文化间的差异,以利于信息交流过程中消除障碍,更准确、迅速地传递信息。可以说掌握信息知识并广泛了解多元文化知识是新型馆员知识素养的标志。

2.3 新的技能

随着时代的发展,图书馆业务工作中高新技术的含量越来越多,传统的专业技术将逐步被新技术取代。在转型期,馆员除掌握传统的业务技术外,还应当掌握并能够应用计算机技术、信息管理技术、多媒体使用技术、网络使用技术、数据库技术等。不少馆员囿于传统的工作方式和工作习惯,对自己尚不熟悉的、正在逐步应用中的新技术无动于衷,甚至产生不同程度的隔膜和畏难感,这实际上是一种惰性。新型馆员应有意识地培养对新技术的兴趣和爱好。俗话说:热爱是最好的老师。我们这一代图书馆工作者能够有幸成为跨世纪的馆员,时代赋予了我们努力学习,积极进取,掌握多项技能,为人们提供最佳信息服务,成为合格出色的信息专家的光荣使命。今后,传统的业务技能不会完全废弃，但是信息获取和传播主要靠包括计算机及网络技术在内的新技术。图书馆员应当有一种危机感：不了解新技术，就有可能被淘汰。钱伟长先生说得好："今后，传统的图书和图书馆当然仍然会继续存在，但是我们更要注意日益发展的新型图书馆……图书馆员不会失业，但必须是新型的。"[2] 所谓新型的，重要的一点就是掌握了新信息技术的信息专家。

传统馆员，历来崇尚踏实肯干、默默无闻、敬业奉献、甘为人梯的精神，对于馆员的能力则注重其传统业务能力，如采访能力、编目能力、服务能力、咨询能力、检索能力等。而信息时代的到来，使馆员不得不对这一切进行全新的审视，这种审视是在信息时代现代化、多功能、开放型图书馆这种全新模式下进行的。现代化图书馆要求馆员必须具备接受新思想的能力，学习并掌握新技术的能力，适应现代化管理方式的能力以及创造性思维和创造性工作的能力；多功能图书馆要求馆员应当具备信息选择提供的能力、信息组织管理的能力、信息研究的能力、综合解决问题的能力及培训读者的能力；开放型图书馆则要求馆员有保持良好公共关系的能力，创造良好环境的能力及对外交流的能力，而对外交流中又不可缺少较强的外语能力。应当有这样的观念，今天的馆员不仅要做到踏实肯干、敬业奉献，更应当是活跃在信息中心的能人。当然，对于任何一个馆员来说，不可能达到样样精通，但必须在强化自身专业能力的同时，注重多种能力的培养。信息时代是竞争激烈的时代，竞争的实质是人才的竞争；人才的竞争，说到底是能力的竞争；竞争的规律是优胜劣汰。今天的馆员如果仍然因循原来那种只需老实肯干就是好馆员的观念不放，就难免在竞争中失败。因此，注重多项技能的培养具有极其重要的意义。

3 馆员综合素质培养与形象塑造

我们在以上讨论中主要从业务角度对新型馆员形象塑造的基本

要素进行了论述,可以说是合格馆员的职业性要求。然而一个馆员完整的形象是多方面、多层次的。仪表、风度、谈吐、举止是一个方面,人格与品质的训练、受教育程度、良好的教养以及健康的心理和生理素质是另一个方面。严格地说,这些是每个人从出生到成人都在努力进行着的,是做人的基本要求,是一个人综合素质的具体体现,也是我们在形象塑造中不可忽视的基本内容,无论是传统型的还是现代型的馆员都必须注重这方面的修养。可以说,不具备以上起码的素质,就不可能成为合格的图书馆员;但是如果不能将这些基本的素质要求与职业性要求有机地结合起来,也不能成为一个合格的图书馆员。我个人认为:图书馆员形象塑造的最高境界就是要将个人的综合素养与本专业的职业性要求完美地结合起来,即将个人的综合素质潜移默化地融入工作实践中,使其成为职业的本能,最终升华到工作实践中高度文明的言行举止和高超的业务技能,这便是图书馆员形象塑造的最终目的。

信息时代是一个高度文明的、全方位开放的时代,馆员的活动也是全方位开放的,需要全方位的信息交流、全方位的信息服务以及与用户的全方位接触等。在这些活动中,馆员必须具备高度文明的言行举止、较强的心理素质、较高的文化素养以及娴熟的业务技能等。作为信息时代的馆员应当深刻认识到这一职业的变化,并在此基础上深刻认识自我,使自身形象与新型馆员的形象要求相吻合,成为一个真正的"信息专家"。

以上所述各要素之间有着密不可分的关系,可以说,这些要素的综合合成便体现了一个馆员的具体形象。一个新型馆员,应当努力全面地了解和把握信息时代馆员形象塑造的基本要素,并在实际工作中努力全面地塑造一个全新的形象。如果每个馆员都注重自身形象的塑造,那么全体馆员所构成的群体形象便是完美的了。那时,图书馆也将从传统形象中摆脱出来,真正成为人们心目中的信息中心和信息集散地。

参考文献

1 费孝通. 面向多元一体化世界新格局的图书馆. 中国图书商报,1996－08－23(6)

2 钱伟长. 图书馆是信息的来源和中心. 光明日报,1996－08－26(2)

原载于《图书馆转型的思考——云南大学图书馆学术论文集》,云南大学出版社,2000 年 12 月

女性图书馆员职业性修养的基础

据1994年年底的统计资料显示，我国三大类型图书馆工作人员已达17.2万余人（公共图书馆4.5万人，高校图书馆3.816万人，科学专业图书馆8.89万人）[1]。又据抽样调查显示，我国三大类型图书馆工作人员中女性比例平均为57.9%[2]。也就是说，我国三大类型图书馆中的女性从业人员已超过半数，达到9.86万人以上。这是一个非常可观的数字，这表明，女性在我国图书馆界已顶起了半边天，成了图书馆工作的主力军。既为主力军，其修养如何，对图书馆工作乃至事业的发展就有了举足轻重的作用，因此对女性馆员修养的研究也就成为重要的课题。

谈到修养，人们首先想到的是仪表、风度、谈吐、教养、举止、待人接物以及受教育程度等。毫无疑问，这些都是一个馆员应当具备的基本素养，然而，这些基本素养也同样是对现代人的基本要求。我们所关注的是，作为馆员这一职业中的女性除了具备现代人的基本素养外，还应当有什么特定的修养，即女性图书馆员的职业性修养。这一问题的讨论有一定的难度，如果仅从基本素养出发来探讨问题，难免落俗，因此必须要有新的视角。首先，让我们从整个社会对图书馆工作的普遍认识以及女性就业于图书馆的心理状态分析入手，开始我们的讨论。

我们知道，最初的图书馆是男性世界，社会普遍认为那是收藏典籍和研究学问的场所，传统观念和社会地位决定女性不可能问津图书馆。自工业文明的浪潮席卷全球以后，图书馆逐渐成为一种公益性事业，呈现出了服务于社会、公众、教育、科技等服务行业的特征，因而，社会普遍认为图书馆是属于服务性行业。作为服务性行业，最大特点是“为他人作嫁衣”，要求其职员必须要有一定的奉献精神，具备甘为人梯、乐为他人服务的基本心理素质，同时又要求有认真、细致、耐心、周到、热心、敬业的基本工作态度，女性整体的性格特征恰恰与这些要求相吻合。社会普遍认为图书馆是最适合女性从事的工作，加之时代赋予妇女就业的机会和权力，因此，女性被图书馆工作所选择成为必然。

社会对图书馆的认识虽然带有很大的片面性，对女性就业的认识多少带有偏见，但对于选择女性进入图书馆不能不说是一种解放。然而我们必须清醒，基于以上认识选择女性就业于图书馆，对大多数女性来说，多少带有被动性：是职业特性选择了女性，而不是女性选择了职业。大多数女性主动选择图书馆工作的动机，除了服务性这一被普遍认为适合女性特征的性质外，更重要的还在其学术殿堂式的高雅的工作环境。馆员是以传递文献信息来实现其服务的，每天接触的是大量的知识和信息，是知识含量较高的服务，而面对的服务对象都是读书人，其“谈笑皆鸿儒，往来无白丁”的高雅工作环境和对职员知识素养的要求，往往受到知识女性的青睐。加上这一职业的劳动强度、风险都不大，且具稳定性，正好适合女性就业的生理和心理特点。抽样调查显示，我国有64.3%的女性馆员因为图书馆的工作环境和性质主动选择了这一职业[3]。这说明大多数女性馆员认为图书馆工作是女性理想的职业，因而她们中约有71%热爱自己的工作[4]。俗话说，“热爱是最好的老师”，在这个老师的引导下，女性馆员们在平凡的岗位上为社会做出了积极的贡献，也正是这种热爱，为女性馆员自觉按照图书馆工作性质的要求注重提高自身修养奠定了良好的思想和心理基础。女性馆员能否按照图书馆工作的要求加强自身的修养，是与女性就业于图书馆的主动性以及对图书馆工作的热爱程度密不可分的，而这些又是与对图书馆的认识分不开的，所以，能否正确认识图书馆，是女性馆员自觉提高修养的基础之一。

一个人的修养是多层次、多方面的，言行、举止、仪表、谈吐是一个方面，人格的训练、受教育程度以及良好的教养是又一个方面。严格地说，这两方面是每个人从出生到成年都在努力进行着的，这是人格与品质的修养，是作为现代人的最基本的修养要求，也是就业后具备良好的职业性修养的基础之一。可以说，没有良好的基本修养，也就谈不上良好的职业性修养。

对于工作在不同岗位的人来说，必须具备本行业特定的职业性修养，它应当包括职业心理、职业道德、职业技能、职业常识以及对职业的认识等。职业性修养的最高境界是将自身优势与所从事职业的特性完美地结合起来。要达到最高境界，必须解决好两个问题，一是如何使自身适应本行业特性的优势更加突出，并得以发展；另一个则是如何克服那些与本行业特性不相吻合的弱点。要解决好这两个问题，必须在基本修养及深刻认识所从事职业的基础上，深刻地认识自我：既要从职业特性出发认识自己从事本专业的优势，又要从职业特性出发认识自己的劣势和不足。可以说，深刻认识自我是提高馆员修养的又一基础。

如前所述，女性就业于图书馆具备许多与图书馆工作特性相吻合的优势，并且大多数女性馆员都具有较好的职业道德和健康的职业心理。但是，从图书馆当今发展的趋势看，我们也应当承认，女性在整体上存在许多不容忽视的与生俱来的弱点，克服这些弱点，则是女性馆员提高修养的重要内容。

首先，女性观察问题和思考问题的方式比较直观，因而，对图书馆工作性质的认识往往存在很大的局限性。女性馆员们往往是从社会对图书馆的普遍认识以及女性自己的某些性格特点出发来认识图书馆的。无疑，这种认识会限制女性馆员们的视野，使女性馆员们对自己的工作缺乏明确的目标，直接影响女性馆员更高层次的修养。当今的图书馆是人类进行文化教育信息传递、知识更新以及学术交流的重要场所，具有很强的知识性和学术性。随着时代的发展，知识性和学术性将得到进一步强化，而随着世界经济、文化多元一体化新格局的形成,图书馆还将成为多元文化的交汇点。值得注意的是当今时代已步入知识、信息时代,作为信息业之一的图书馆即将由传统的“书刊借阅场所”转变为“信息中心”,包括信息技术在内的高新技术将被广泛应用于图书馆,图书馆工作的技术含量越来越高,功能越来越多,开放程度越来越大,这一系列的变化对馆员修养提出的要求也越来越高,它要求馆员必须是具备广博知识、较强研究能力、较高技术水平的高智能化和高技能化的人才,女性馆员们必须深刻地认识这一点,才能在职业性修养中对自身提出更高的要求。

其次,在我国,由于经济、文化、教育等条件的限制以及传统观念的束缚,女子受教育的程度普遍低于发达国家。虽然图书馆女性的文化知识水平普遍高于全国女子平均受教育水平,但是由于知识经济时代中知识更新速度极快,女性馆员加强职业性的知识、技能修养,仍然是一个非常突出的亟待解决的问题。目前,我们大多数女性馆员都已意识到了这一问题,将知识、技能修养摆在了极其重要的位置。然而不可否认,女性馆员知识更新仍然有很大的障碍。一是来自社会传统的观念,表面上也承认男女平等,但潜意识中仍有许多人留存着“女子无才便是德”的思想,影响到部分女性馆员,较安于现状,缺乏上进心。二是来自家庭的,在我国,职业女性的家庭负担普遍较重,既要完成工作任务,又要担负起家庭的重任,同时还要考虑自身的提高,往往要付出比男性更大的代价,使得女性馆员比较容易轻易地放弃提高。三是来自自身的,由于图书馆工作具有稳定性特点,因而使人容易麻木,缺少危机感,缺少进取的动力。当然还有其他因素,如图书馆在社会中的地位不高,各单位培训经费有限等。但是女性馆员们首先必须克服自身的障碍,消除观念上的误区,自信、自强、自立,积极创造条件,不断提高修养,适应新型图书馆的要求。

其三,女性的人格特性在长期的传统观念束缚下较为消极。表现出较安于现状,对新事物、新信息反映较慢,依赖性强,不愿出头露面,还时常伴随着自卑心理,行动经常被动。这直接限制了女性获得知识、认识世界,抑制了女性的创造力,影响女性的进取性,反映到馆员们身上则会对图书馆的改革和发展带来负面影响。当今的图书馆正处在重大的转型期，要求馆员们必须要有创新精神，必须能够展开创造性思维和创造性工作。女性馆员们必须深刻认识自身的这些弱点，发愤努力，增强自信心，主动自觉地加强积极的人格训练，从传统中解放出来，投身于改革大潮，为图书馆的未来做出更大的贡献。

女性馆员的修养是一个不断完善自我的过程，在这个过程中，女性馆员们如何认识图书馆以及如何认识自我至关重要。认识的越深，对自身的定位也就越准确，提高修养的主动性和自觉性也就越高。加上女性馆员们素有的优良品质，相信随着图书馆事业的不断发展，女性馆员们的形象将更加完美。

参考文献

1　吴慰慈等. 蓬勃发展的中国图书馆事业. 北京：书目文献出版社（今国家图书馆出版社），1996

2，3，4　张树华，董小英. 中国女图书馆员的数量、结构及心理状态分析. 中国图书馆学报，1995（5）

原载于《云南图书馆》，1999 年第 1 期

关于图书馆学教育与实践相结合的思考

1 图书馆学教育与图书馆实践相结合的基本认识

图书馆学教育是专门性教育。自 1807 年，德国学者施莱廷格首先以“图书馆学”命名本学科以来，经过不断发展，已形成专门的学科体系，并产生了以图书馆学为内容的专门教育。1887 年，美国图书馆学家杜威创办了世界上第一所正规的图书馆学教育机构——哥伦比亚大学图书馆管理学院。经过 120 年的发展，世界各国都建立了图书馆学教育体制和机制。在我国，正规的图书馆学教育始于 1920 年，韦棣华女士和沈祖荣先生创办了武昌文华大学文华图书科，使中国的图书馆学教育登上了现代高等教育的大雅之堂。经不断改革调整，目前我国有图书馆学高等教育机构 20 余所，并形成了从专门教育、职技教育到继续教育，从专科教育、本科教育到硕士、博士以至博士后教育等多类型、多层次的教育教学形式。图书馆学教育在培养图书馆工作实践、图书馆管理、图书馆事业发展等专门人才以及图书馆学研究力量、教育力量等方面做出了巨大的贡献，对图书馆事业在理论和实践上的发展以及人才培养等方面的贡献不可估量。图书馆学教育是基于图书馆实践和理论研究而形成的专门教育，起到了无法取代的作用。

图书馆学教育是针对性极强的教育。图书馆学教育随着图书馆工作实践、图书馆事业发展以及图书馆学理论研究的需要应运而生；

图书馆学教育的目的是为了培养各种层次和类型的图书馆事业的专门人才和图书馆学研究专家。其面向的培养对象、社会职业和职能机构都极其明确，教育的任务也极其明确。图书馆事业不断发展，对专业人才的需要越来越高，教育的内容也将随着图书馆实践的变化而变化，其专门化、针对性程度越来越高，图书馆学教育在面向图书馆培养合格人才方面显现出越来越重要的作用。

图书馆学教育具备应用性、实践性强的特点。图书馆学产生的基础是图书馆实践，是对图书馆实践和事业发展的高度总结，具有从理论上指导图书馆工作和图书馆事业，促进图书馆实践更好地发展的作用。图书馆学教育离不开图书馆学的发展，更离不开图书馆学与生俱来的应用性和实践性强的特点。随着现代信息技术在图书馆的广泛应用，给图书馆学教育带来了更多新的实践内容，也使图书馆学教育的应用性、实践性特点更为突出。鉴于这一特点，图书馆学教育更应关注图书馆实践的发展，关注图书馆实践精神和实践能力的培养。

关于图书馆学教育与图书馆实践的关系的讨论，在图书馆学界一直是热门话题。讨论的内容大到学科定位、教育方向、学科体系、学科结构调整、学科学位点建设、学科名称变更、事业发展、人才培养目标、教育教学改革、师资队伍建设等，小到教学内容、课程设置、教学方法、教学实践、论文写作等。从讨论中我们可悟出图书馆人及图书馆学教育工作者的希望，即通过图书馆学教育能够切实为图书馆事业培养合格有用的人才，促进图书馆事业的发展和图书馆学理论研究的深化。

2 结合图书馆实践对图书馆学教育存在问题的分析

图书馆学教育为图书馆事业培养了大批人才，但在一定程度上也存在着一些不容忽视的问题，无论是教学实践或是教学理论的研究，都或多或少存在着脱离图书馆实践的问题。

问题一：教学内容滞后，针对性、专门性淡化。图书馆事业的发展，使传统的图书馆学理论和方法正在发生着重大的变革，需要用全新的图书馆学理念指导图书馆学教育，以图书馆实践的新发展来充实教学内容。在这一过程中出现了两种倾向：一种是教育教学的内容滞后于图书馆实践，在基础知识的教学中恪守以往的传统，不能将新的思想和技术较好地融入教学体系，甚至脱离正在发展的图书馆实践，不能较好地反映图书馆事业的发展和变化。另一种是图书馆学教育方向的迷失，在一片改名声中，使人忘记了图书馆学教育的专门性、针对性、实践性等特点，在课程设置、教学内容等方面较多地去追求时尚，盲目追求宽口径、复合型人才的培养。学生学习了许多信息社会的大众化知识和信息技术知识（当然这是必要的），却因为过于淡化图书馆学必备的专门性知识（这些知识正是图书馆实践必须掌握的知识），而不知如何将这些知识与图书馆实践紧密结合起来。由于对图书馆实践的认识过于表面，导致学生在学习过程中较为迷茫，对专业的认同较为模糊。用人单位则从心理上对图书馆学专业的毕业生不怎么认同，有的图书馆声称不要图书馆学专业的毕业生。社会上也有人认为图书馆学算不得什么专门学科，其他专业的人培养一下不但能胜任图书馆工作，而且更能适应图书馆为用户提供专门学科服务的要求，尤其是计算机专业的学生，更能较好地体现图书馆信息化要求等。

问题二：教学实践条件有限，且利用不充分。鉴于对图书馆学教育的专门性、针对性、实践性、应用性的理解，各个图书馆学教育机构在图书馆学教学活动中都强调了教学实践的重要性，如建立专门实习室，建立教学实习基地，加大实践课程分量等。但鉴于种种原因或条件限制，缺乏系统、完善的实践教学体系和机制，导致学生实践方面的广度、深度不够，到图书馆工作后，动手能力差的弱点突出显现。分明是职业针对性极强的专业，但却不知毕业后该去做什么和怎样去做。有的学生甚至对如何编目，如何分类，如何进行文献检索，如何开展一般性服务等这些最基本的图书馆学知识都要重新进行补课。

问题三：教学实践环节不完善。在教学中从书本到书本、从理论到理论、为教学而教学的现象仍然存在，导致学生对图书馆学的基本知识缺乏直观感受，缺少对图书馆学相关问题进行深入思考的实践基础，导致了对书本和理论知识也不能深入理解和牢固掌握。许多学生将书本上的知识看作是全部的图书馆学，因此产生图书馆学不过如此的思想，对图书馆学缺乏认同。在日常作业，尤其在毕业论文写作中，提不出自己的见解，出现严重的理论脱离实际、炒冷饭，甚至抄袭的现象。到图书馆工作后，找不到具体的目标和方向，甚至有些进入研究生阶段的同学仍然摆脱不了这样的尴尬。

问题四：教师缺乏有效的图书馆实践训练机制。在各个图书馆学教育机构中集合了许多图书馆学高学历优秀人才，多年来，图书馆学硕士、博士毕业生主要选择了教学、科研岗。他们是我国图书馆事业重要的研究力量和师资力量，不乏理论研究的能力和成果，也不缺乏教学经验。但教师中大多数从学校到学校，有专业知识和理论功底，有开阔的视野，却普遍缺乏图书馆工作实践，加上部分教师对图书馆学本身存在认识上的误区，对图书馆实践存在不以为然的思想，在进行图书馆学研究、教学时，一方面表现为不了解今天图书馆的发展；另一方面又特别容易将理想化的理念作为研究内容，将其他学科的一些研究成果生搬硬套到图书馆学研究中，其结果是对于图书馆实践的指导意义不明显。将这样的一些研究思想和方法带入教育教学中，也就难免出现脱离实践的问题。

3　图书馆学教育与图书馆实践相结合的几点思考

3.1　结合图书馆实践，明确图书馆学教育的目标和方向

从20世纪90年代开始，受信息化社会的影响，我国有相当一部分高校图书馆学专业用“信息管理学”这一名称替代了“图书馆学”，这在一定程度上适应了信息化社会发展的需要，为培养宽口径、复合型的图书馆学人才以及为学生选择专业和就业提供了更大的空间。

但是信息管理学并不等同于图书馆学,信息管理学对信息时代的图书馆学有着宏观指导的作用。信息管理学的宏观研究理论、信息管理系统的建立以及信息技术的应用等,都对图书馆学的研究提供了新的思维和新的理论指导,对图书馆实践的改革起到了不可低估的作用。图书馆学从宏观上的研究应当体现信息管理学的这些研究成果,同时图书馆学的研究也能够为信息管理学提供理论依据和实践基础。但我们不能不看到图书馆学本身所具备的特殊性和专业性,如果淡化图书馆学的专门性特点,都从宏观上开展研究,图书馆学对于图书馆实践的指导作用将受到影响。

将图书馆学放入整个信息化社会中进行考察,图书馆学应当是信息管理学的一个组成部分;同时图书馆学又有其特殊的学科知识和技能。如果这样去认识图书馆学,我们在定位图书馆学教育的方向和目标时,就应当明确:一方面要对学生进行信息化社会、信息管理的宏观教育,将图书馆学教育置于整个信息化教育体系中;另一方面也应当注重图书馆学的专门教育,在专门教育中体现图书馆学的专门知识,将信息管理学及信息技术很好地融入图书馆学专业教育中,成功体现图书馆学与信息管理学的内在联系。

由此可见,图书馆学教育的目标和方向应当是:培养既有信息社会中信息管理、信息技术宏观视野、宏观能力,又有图书馆学专门知识、专门技能;既能面向信息社会需要,又能直接面对图书馆事业需要的人才。应当培养学生从大处着眼,小处着手,既能从宏观上对问题进行思考,又能对实践问题进行研究,同时又具备较强的实践能力和动手能力的真正的复合型人才。

3.2 把握图书馆事业发展的新趋势,不断更新图书馆学教育内容

当代图书馆事业与图书馆实践有几个突出的特点:现代化、信息化、网络化、数字化、开放型、社会化等。在图书馆事业发展过程中,这些特点不断地突出,出现许多新的趋势,对图书馆学教育提出新的要求和课题。图书馆学教育总是滞后于图书馆的实践,是一个正常现

象。问题是我们如何能够让我们的教育更贴近于图书馆实践及图书馆事业的发展,既能让学生了解图书馆的昨天和今天,又能通过我们的教育让学生更关注明天的发展,为明天的图书馆做好准备。密切关注图书馆事业发展的新趋势,研究图书馆实践的新进展,不断将其充实到图书馆学教育教学中,更新图书馆学教育的教学内容,结合图书馆事业的发展进行与时俱进的图书馆学教学改革,无疑是理想的解决办法。

图书馆是信息化社会的一个组成部分,在网络化、数字化的推动下,图书馆事业呈现整体发展的态势。面对图书馆实践的这一趋势,从信息化社会的整体要求进行图书馆学教育极其重要。我们需要培养学生从信息社会的角度去把握图书馆学的基本思想和基础知识,因而图书馆网络,图书馆联盟,虚拟图书馆建设,图书馆资源的共知、共建、共享等这些新的实践,应当是我们在更新教学内容时必须关注到的。而这些实践与信息技术在图书馆的应用密切相关,在图书馆学教育教学内容中融入信息管理思想与技术是非常重要的。但应当注意的是,不能以信息技术代替图书馆学的基本知识,而是应当将技术应用到图书馆学中去,将信息管理思想与信息管理技术的教学与图书馆实践结合起来,更新传统的图书馆学理论和方法,这才是图书馆学教育应当遵循的原则。我们通过图书馆实践已经认识到信息管理思想和技术对实践发展所起的作用是巨大的,但如果仅强调信息管理技术,而忽略了图书馆提供的实践平台,仍然不能培养出理论与实践结合的专门人才。

3.3 深入理解图书馆实践,培养学生的专业兴趣和职业精神

教育应当体现其效益,图书馆学教育的效益体现在为图书馆事业培养人才做出了多大贡献。近些年来,在各个高校都存在着同样的现象,即图书馆学专业学生对专业的认同感下降,毕业后改行成为普遍现象。尽管这些问题的出现有着深刻而复杂的社会、个人背景,但是学生的专业兴趣和职业精神的培养问题不能不说是影响之一。

专业兴趣和职业精神的培养可以是多方面的，但笔者认为能否对图书馆实践具有深入准确的理解是至关重要的。如果你对你所要从事的事业或职业根本不了解或了解不深刻，又从何谈兴趣、谈精神、谈热爱呢。即使你可以凭一时的冲动学习了本专业或因其他原因进入了这一专业，但却难以保持长久的兴趣和热爱，图书馆职业精神也难以体现。

图书馆学教育工作者往往希望学生在理论方面能更多地学习和掌握图书馆学知识，并且能够通过在教学中引入新的理念和思想，包括相关学科的研究成果，引导学生对图书馆学进行宏观研究。而通过图书馆的工作实践使学生了解图书馆及图书馆学，培养对图书馆学专业的兴趣，培育图书馆职业精神是非常重要的。图书馆学专业的学生应当长久地保持与图书馆的密切联系。我们有些教育机构并不重视这一点，学生学了四年，只在毕业前一个较短的时间内到图书馆的业务部门去实习，平时也只是基于个人需要而利用图书馆，基本不关注图书馆业务及事业的发展。这样培养的结果，怎么能使学生学会从职业和专业角度以及实践角度去发现图书馆职业和专业的特点，客观地评价图书馆学专业，从而培养起对图书馆学的专业兴趣和职业精神，并坚定对图书馆学专业的认识呢?!

图书馆学教育过程中，存在着把到图书馆实践仅仅看作是教学的一部分的情况，因而也仅仅是通过图书馆实践让学生了解一些业务过程而已。事实上，图书馆实践是一个全面综合的训练，既包括了对图书馆学理论的进一步理解和检验，也包括了图书馆业务技能的培养，更应当包括图书馆学专业思想和职业精神的培养。图书馆的专业思想和职业精神就存在于图书馆实践中，只有对图书馆实践有了深刻理解，专业思想和职业精神才能更加牢固，也才能成为真正的图书馆员。

3.4 合理设计教学实践内容和环节，培养学生的实践能力

从教学内容和环节上全面把握图书馆学教育过程与图书馆实践的紧密结合是极其重要的。通过大量的图书馆实践、图书馆学课程实

习可以完善专业技能的训练,因而在教学内容与环节上考虑与实践如何结合具有重要的意义。

合理设计图书馆学实践教学内容和环节是关键。从课程设计方面讲,应当考虑实践课程的设计,如哪些是以实践为主的课程,哪些是以基础知识、基本理论为主的课程。以实践为主的课程应当精心设计实践的每一环节,让学生理解实践的内容、意义和目的,并实际模拟具体的实践工作,体现图书馆实践的基本要求,如信息管理系统建立、数据库建设、网页设计、信息分类、信息编目、信息检索等。基础知识、基本理论为主的课程,需要通过实践理解的内容,应当在课程中设计并体现出来,如"图书馆学概论"的教学中有图书馆业务流程的教学,如果不去图书馆实地考察,对这方面的知识就掌握不好。

随着高等教育的不断发展,图书馆学教育在实践条件方面已有了较大的改善。许多高校的图书馆学情报学专业都建立了专门的实验室、实习室,同时在设备设施方面也尽量与图书馆实践本身情况接轨,有些实验室还可以模拟图书馆业务,进行新项目的研发。教师应当有意识地安排好进入实验室、实习室开展教学活动的内容和环节,充分利用好实践条件。图书馆学教育实际有着得天独厚的实践条件,在我们的周围分布着各种不同类型的图书馆,这些图书馆都可成为我们的教学实习基地。

培养学生的主动实践意识也是非常重要的。有意识地要求学生经常到实验室、实习室学习,有意识地培养学生与相关图书馆建立良好的日常实习关系,与一些图书馆员建立良好的指导关系。平时就可以带着问题主动到实验室、实习室、图书馆实习,而不是等教师安排或毕业前统一安排了才去实习。这样的培养一方面可提高学生的实践动手能力,另一方面也可进一步提高学生的专业兴趣和职业精神。

3.5 建立教师实践机制,培养高质量的图书馆学专门人才

正如前面所分析的一样,我们相当一部分教师的图书馆实践经验较为缺乏,对于图书馆实践发展的许多新问题研究不够深入、把握不

够准确,其实质是对图书馆实践了解不够,因而在教学过程中,往往出现理论、技术、实践三者不相干或关系不密切的情况。教育的关键在教师,在教学中如何将理论、技术与图书馆实践真正结合起来,需要教育者有丰富的图书馆实践知识和经验。与实践结合不仅是动手能力的培养,也包括对学生职业精神的培养,对图书馆理性认识的培养,对图书馆事业整体认识的培养,对专业人才的信息化、市场化适应能力的培养,这些都需要教师来具体实施。

教师本人应当是一个图书馆学家,即使今天还不是,那么也应当将图书馆学家作为自己奋斗的目标,而不仅仅是教书匠。一个真正的图书馆学家,如果没有丰富的实践,又怎能用系统正确的理论来指导图书馆实践呢?在此,建立起教师的实践机制是非常重要的。

教师对图书馆实践的了解应当是全方位的,了解的渠道也应当是多方面的。首先,教师应当时刻关注图书馆实践发展的情况,同时也应当时刻研究图书馆的实践问题。我们经常所说的站在前沿、关注前沿、研究前沿问题,正是要求教师对图书馆实践问题应当站在更高角度进行更深入的研究。有了这样的研究,图书馆学教育教学才不会停留在书本上和课堂中,也才能给学生更多的知识。第二,作为教师应当有选择地与一些图书馆建立联系,将这些图书馆作为自己的教学和研究基地。在研究课题的设计、教学内容的设计以及教学过程中,可以结合这些图书馆的实践提出问题、解决问题;也可以应用自己的知识和理论对这些图书馆进行指导,解决图书馆实践中的问题;还可以根据图书馆实践的需要,进行项目研究和建设研究。许多应用型学科的建设都离不开基地的建设,图书馆学也不妨学习。第三,他人实践经验的收集和整理,对于教师是必不可少的。通过资料收集,总结提炼实践经验,也是一种了解图书馆实践的方法。教师不可能全面参与到图书馆工作中去,但是必须关注图书馆的实践,必须在教学中体现出图书馆实践的发展。第四,教师与图书馆员,教师与教师,教师与学生之间应当建立起经常交流研讨的机制。通过对图书馆实践问题的交流研讨,启发我们的教学。总之,教师在教学中应当注重图书馆实践，注重体现图书馆学实践性、应用性的学科性质。

参考文献

1 潘燕桃，程焕文. 世界图书馆学教育进展. 北京：北京图书馆出版社（今国家图书馆出版社），2004

2 程焕文等. 1999—2003 年中国图书馆学教育进展（1-2）. 大学图书馆学报，2004（5-6）

3 程焕文. 高涨的事业与低落的教育——关于图书馆学教育逆向发展的思考. 中国图书馆学报，2001（1）

4 黄秋梨. 关于我国图书馆学本科专业培养目标的思考. 图书馆学研究，2007（2）

5 吴慰慈. 中国图书馆学情报学教育的改革与发展（1-2）. 图书馆工作与研究，2003（5-6）

6 肖希明. 变革与发展中的我国图书馆学教育. 图书馆论坛，2005（6）

7 辛苗. 中国图书馆学本科教育的危机. 图书与情报，2003（6）

8 傅敏等. 图书馆人才需求与图书馆学教育. 图书情报工作，2003（3）

9 李荣萍. 图书馆学教育怎样适应人才市场的需求. 成都大学学报（社科版），2005（5）

10 于鸣镝. 图书馆学家的“八大品格”. 大学图书情报学刊，2004（3）

原载于《中国图书馆学报》，2008 年第 4 期

论图书馆学硕士研究生核心能力的培养

1 引言

据中国研究生招生信息网（http://yz. chsi. com. cn）2012 年招生目录显示，目前我国招收和培养图书馆学硕士研究生的单位有 43 个[1]，比较 30 年前我国图书馆学硕士研究生培养单位仅有北京大学、武汉大学等为数不多的几个单位而言，无论是培养单位还是招生规模都在数量上有了很大发展。培养单位不仅数量增多，而且一些研究机构、图书馆也加入了图书馆学研究生培养的行列，使我国图书馆学研究生培养不仅仅在大学学院，而且更接近于实践岗位，在研究目标和方向的选择上呈现了更为多元化的趋势。

培养单位数量和类型的增加，必然带来招生规模的扩大，许多图书馆学相关专业背景的学生以及许多非图书馆学专业背景的学生成为图书馆学硕士研究生中的一员。非图书馆学专业背景的学生进入本专业后，带来了不同的专业视角，给图书馆学的研究发展注入了新的活力；另一方面则是他（她）们在图书馆学基础理论、专业知识以及业务技能方面存在的不可否认的欠缺，无疑给图书馆学研究生的培养带来了一定的困难，培养工作呈现复杂性。

目前，我国图书馆学硕士研究生的培养基本采取课堂教学、图书馆实习、导师指导、参与课题、完成论文的路径。这种培养模式既有研究能力、实践能力的培养，也有通过参与课题、撰写论文进行综合能力的培养，但仍然有许多不适应图书馆学研究和图书馆事业发展的问题存在。我们看到，图书馆学的硕士研究生遇到论文写作时找不到方向，学位论文选题困难，对图书馆的具体工作不知如何操作等问题。同时也从已走上工作岗位的研究生的谈话中了解到，他们许多时候需要重新学习。这一系列问题的出现，迫使图书馆学硕士研究生培养单位不得不考虑如何能够保质保量地实现硕士研究生的培养目标，并适应图书馆事业以及用人单位的需求。

本文拟从图书馆学硕士研究生的基本能力要求入手，在充分把握图书馆学硕士研究生的能力要求及其特点的基础上，进一步分析图书馆学硕士研究生的核心能力，并围绕核心能力的培养问题展开理论和方法的讨论，以期对图书馆学硕士研究生的能力培养有所帮助。

2 图书馆学硕士研究生的能力要求

2.1 图书馆学硕士研究生的基本要求

《中华人民共和国学位条例》（以下简称《学位条例》）规定："高等学校和科学研究机构的研究生，或具有研究生毕业同等学力的人员，通过硕士学位的课程考试和论文答辩，成绩合格，达到下述学术水平者，授予硕士学位：（一）在本门学科上掌握坚实的基础理论和系统的专门知识；（二）具有从事科学研究工作或独立担负专门技术工作的能力。"[2]可见，国家对于硕士研究生的基本要求主要包括四个方面：坚实的基础理论，系统的专业知识，从事科学研究的能力，独立担负专门技术的能力。图书馆学硕士研究生是将要从事图书馆事业（包括图书馆管理、图书馆业务、图书馆学研究、图书馆学教育等）的专门人才，除了遵循硕士研究生的基本要求外，还应当具备图书馆学专业特有的要求。根据《学位条例》的规定，结合图书馆学特定的学科特点和职业特点，图书馆学硕士研究生应当具备的基本要求是：掌握坚实的图书馆学基础理论,系统的图书馆学专业知识,同时具备从事图书馆学研究的能力,独立担负图书馆专业技术工作的能力。

2.2 图书馆学硕士研究生的能力要求

从图书馆学硕士研究生的基本要求角度讨论,很明显,前两项属于理论和知识层面的要求,后两项则属于能力层面的要求。但是如果我们对理论和知识层面的要求略加分析,就不难看出,只有具备了对图书馆学基础理论的理解掌握能力和对图书馆学专门知识的学习认知能力,才能具备坚实的图书馆学基础理论和系统的专门知识;只有具备坚实的基础理论和系统的专业知识,才能深入持续地从事图书馆学研究,并独立担负图书馆专业技术工作。因而图书馆学硕士研究生的基本能力应当包括:对图书馆学基础理论的理解和掌握能力;对图书馆学专门知识的学习认知能力;从事图书馆学研究的能力;独立担负图书馆专业技术工作的能力。然而以上的能力要求并不能完全覆盖今天图书馆学硕士研究生应当具备的能力素养。

首先,从图书馆学学科归属的角度讨论。目前,我国是将图书馆学学科归属于管理学门类,这从学科类属的角度规定了图书馆学的管理学性质。很明显,如果从管理学的角度讨论图书馆学硕士研究生的能力要求,必然要求研究生具备从事图书馆及图书馆事业的管理能力。

其次,从图书馆专业技术发展的角度讨论。现代信息技术的应用已成为图书馆事业发展最重要的推动力,因而要求从事图书馆学研究、教育、管理以及图书馆实际业务工作的人员,需要具备现代信息技术的应用能力、技术开发能力等。

其三,从图书馆事业发展的角度讨论。图书馆事业是一个不断发展的有机体,随着发展,硕士研究生们在学校学到的一些知识将会老化,需要不断地学习新知识、补充新知识,并且能够面对新的业务工作环境创新知识,发展自我。因而,图书馆学硕士研究生的能力还应当包括创新发展能力。

最后，从图书馆学硕士研究生的就业方向讨论。图书馆学专业的大多数毕业生会进入各级各类图书馆，少部分会继续深造或直接进入图书馆学教育机构。进入教育机构的硕士研究生无疑需要一定的教育教学培训能力，即使没有进入图书馆学教育机构的硕士研究生也存在着参与到工作人员培训和用户培训工作中去，因而图书馆学硕士研究生的能力还应当包括教育培训和教学能力。

2.3 图书馆学硕士研究生能力要求的特点

我们还可以举出许多有关图书馆学硕士研究生应当具备的能力，如外语能力、社交能力、服务能力等等，显然这些能力要求呈现出了多元化、多层次和复合型的特征。

2.3.1 与硕士研究生的学位层次相吻合

如上所述，图书馆学硕士研究生的能力呈现出多元化、多层次、复合型的特征，这一特征与硕士研究生的学位层次正好吻合。硕士研究生处于博士、硕士、学士（本科）三大培养层次的中间层，这个层次的人才不同于博士更偏向于理论研究能力，也不同于学士更偏重于业务操作能力。硕士研究生的学位层次要求他们既要具备坚实的基础理论和专业知识，能够开展科学研究，又要能够面向实践，具备独立解决专业实践问题的能力，因而其能力要求的内容更为多元。

2.3.2 与图书馆学这一特定活动领域相关联

以上能力涵盖了图书馆学学科以及图书馆职业的各个方面，是与图书馆学这一特定学科和职业紧密相关的多种能力。《辞海》及多数心理学教科书都将“能力”解释为：成功地或顺利地“完成某种活动所必需的个性心理特征”[3-5]。这一解释的关键点在于人的个性心理特征与实践活动的结合，强调能力是与人的心理活动和实践活动“紧密联系的”[6]，是个性心理特征在一定的实践活动中通过一定的行为方式表现出来的。人的能力有基本能力与特殊能力之分：个性心理能力以及在心理能力支配下产生的日常行为能力是人的基本能力；而人的基本能力要素相互作用，与特定实践活动结合，依托特定的实践条件，采用特定的实践方式,成功完成特定的实践任务,则产生了特殊的能力,或专门能力[7]。图书馆学硕士研究生的能力要求既反映了基本能力要求,也反映了特定能力要求,与图书馆学这一特定的学科和职业要求紧紧相连。

2.3.3 与人才培养目标相结合

以上多种能力共同构成了图书馆学硕士研究生的能力系统,即复合型能力系统。在该系统中,图书馆学硕士研究生们通过对图书馆学基础理论的理解掌握能力,去掌握坚实的图书馆学基础理论;通过对图书馆学专门知识的学习认知能力,去掌握系统的图书馆学专门知识。在基础理论指导下,去开展图书馆学的科学研究,解决图书馆实践中的理论和实践问题;在专业知识的指导下独立承担起专业技术工作。在具备以上各种能力的基础上开展图书馆和图书馆事业的管理工作、图书馆学的教育培训工作、图书馆技术的应用开发工作,并开展图书馆事业的创新发展研究。尽管由于个体心理能力的差异,每个硕士研究生的能力都有其特殊性:有的研究生理论研究能力强,有的研究生解决实际问题的能力强,有的研究生动手能力强,有的研究生管理协调能力强,有的研究生技术开发能力强,有的研究生则表现了较强的教学培训能力,也有的研究生具备创新发展的能力。但无论其个性能力特征如何突出,作为图书馆学硕士研究生的能力都不仅是单一能力,而是多种能力的结合。

3 图书馆学硕士研究生的核心能力

以上能力要求反映了人们在进行各种图书馆学专业活动时的能力,不同的能力用以完成不同的实际活动。比如科学研究能力可以支持图书馆学硕士研究生提出问题、分析问题、解决问题;而独立承担专业技术工作的能力,则可以支持图书馆学硕士研究生开展实际的专业工作。但是这并不表明每项能力都是孤立的,恰恰相反,图书馆学硕士研究生的能力要求是相互作用、相互推动的，这种相互作用、相互推动，使得图书馆学硕士研究生的能力构成了相应的多层级系统结构，使其可以完成更为复杂的任务。正如心理学家们认为的那样，“要想完成任何一种复杂的活动，需要多种能力结合构成一个系统”[8]，而在这个多种能力构成的能力系统中必然存在着起核心作用的能力。

图书馆学硕士研究生的能力系统中有不同的能力层级，最底层是基础能力，即理解能力、认知能力，这些能力应当是在其以往的各个不同学习阶段逐步培养起来的。基础能力帮助研究生们逐步进入更高层次的学习，如果没有这些基础能力，就不可能在硕士研究生阶段掌握坚实的图书馆学基础理论和专业知识，也不可能产生科学研究的能力和独立承担专业工作的能力。第二层的能力是专门能力，是通过基础能力发挥作用而产生的更高一层的能力，即科学研究能力和独立承担专业技术工作的能力。应当说，以上四种能力是图书馆学硕士研究生的核心能力，这四种核心能力对于硕士研究生缺一不可。有了这四种核心能力，图书馆学硕士研究生则可进一步向第三层次的能力，即特定能力层（包括管理能力、技术应用开发能力、创新能力、教育培训能力等）发展，继而拓展其他能力，如社交能力、服务能力、外语能力等。

图书馆学硕士研究生的能力系统有其特定的内涵。如果我们将以上各种能力都视为图书馆学硕士研究生能力系统中的子能力系统，那么在每个子能力系统中还包含了若干具体的能力。如科学研究能力包含了发现问题、提出问题、研究问题、解决问题的能力。如果要将科学研究的结果表达出来，还需要论文或报告的写作能力；如果要去验证研究结论，必须具备实际的动手能力等。又如独立承担专业技术工作的能力中包含了图书馆各项业务的工作能力，如信息资源采集能力、信息资源组织能力、信息资源获取能力、信息资源传递能力、信息资源开发能力、信息资源利用能力等。很显然，无论在图书馆学硕士研究生的能力系统中包含了多少能力层级和内容，都离不开其核心能力的作用。

4 图书馆学硕士研究生核心能力培养的理论思考

4.1 以核心能力培养为重点的培养思路

图书馆学硕士研究生的能力系统存在一定的复杂性。面对一个复杂能力系统中各种能力的培养,显然不能面面俱到。综合分析图书馆学硕士研究生的能力系统,其核心能力的内容包括四个方面,而这四方面的能力又有基本能力和专门能力之分。基本能力有理解能力与认知能力之分,专门能力有研究能力与操作能力之分,而所有这些能力又表现为理论能力和实践能力两大方面。图书馆学硕士研究生的能力结构围绕核心能力形成的多元化、复合型、多层级特征给图书馆学硕士研究生能力的培养带来了众多值得思考的课题,使图书馆学硕士研究生的能力培养呈现复杂的难把握性;而在图书馆学硕士研究生能力系统中存在着的核心能力,又可使我们在讨论培养硕士研究生的能力问题时突出重点,即理论能力和实践能力的培养。

4.2 围绕核心能力构建综合能力系统

不同的能力培养有不同的内涵,如果我们将核心能力定义为彼此孤立的能力时,在图书馆学硕士研究生的培养中可能会分别培养理解能力、认知能力、研究能力和工作能力;如果我们将核心能力定义为彼此相关的能力群,我们就会换一种思维方式,在图书馆学硕士研究生的培养中注重综合能力系统的构建。正是基于这样的认识,本文认为围绕培养图书馆学硕士研究生的核心能力,构建图书馆学硕士研究生的综合能力体系具有更为重要的意义。

4.3 引入建构主义理论设计培养方式

围绕核心能力构建图书馆学硕士研究生的能力系统,可引入建构主义学习理论。建构主义学习理论是当代欧美国家兴起的一种认知方式或教育实践模式,其核心观点认为,人的认识是一种以学习主体已有的知识和经验为基础的主动建构过程,其实质是通过学习,主动建立学习主体的新的知识体系。这一认识特别强调人的主观能动性,即内动力的推动;强调通过主动将新接触到的信息、知识与已有经验和知识建立联系,并建构新的信息意义的过程。这一过程显然是不断输入、储存、加工及吸收、更新、内化客观知识,在头脑中形成由智力联系起来的多要素、多系列、多层次的知识结构的智慧和潜能的过程[9]。有了这一过程,才能促使人们创新知识、发展自我,使个体的知识和能力体系更加完善,获得更好的终身受益的效果。图书馆学硕士研究生的能力培养说到底并不是由教师将相关的能力传授给学生,而是要求研究生通过接触新的知识,主动与以往已有的知识能力联系在一起,产生新的能力。通过这样不断地学习新知识,不断与以往的能力相融合,学习者的能力也就逐步被培养起来。同时,由于这种建构主义的培养方式强调了主动性和自主性,所以在图书馆学硕士研究生的能力培养中引入这一思想,可使图书馆学的研究生们获得自主学习、终身学习的能力,即发展创新的能力。

建构主义思想进一步认为,为了使学习者能够主动将新知识、新经验与以往知识、以往经验联系起来形成新的知识体系,作为教育者就应当设计相应的注入新知识的方法以及给受教育者创造联想环境的方法等。这一思想引入培养图书馆学硕士研究生的能力系统,则对课程设置、培养方式、培养机制等提出了挑战。

5 图书馆学硕士研究生核心能力培养的方法思考

5.1 课程设置方法

建构主义强调学习者在学习过程中主动与以往掌握的知识和经验相联系,构建新的知识体系,那么作为图书馆学硕士研究生能力培养过程首先就应当关注课程的设置。课程设置从纵向上应当考虑从初级向高级的进步，横向上应当考虑几个核心能力间的相互联系。如：

初级：考虑有利于培养其对基础理论和专业知识深入理解和认知能力的课程，如图书馆学基础理论、图书馆的基本业务、图书馆管理的基本方法等。对于非图书馆学专业背景的研究生还应当增加进入图书馆进行基本业务实习的学习课程。这一阶段研究生不仅能从纵向上为下一步的能力构建打基础，同时也可从横向上建立起不同能力之间的联系，将图书馆学的能力体系看成一个整体，自主形成对图书馆学的全面理解和认知。

中级：考虑有利于培养其科学研究能力和专业技术能力的课程，应当注意课程体系设计与已往所学知识的联系和新知识内容的注入，如图书馆学经典著作研究、图书馆学方法论、图书馆学理论研究、图书馆实践方法研究等。在这个阶段，图书馆学硕士研究生不仅应当将已有的基础知识与新的知识联系在一起，形成更高层次的能力，而且应当能够从图书馆学的理论和实践中发现问题、提出问题、分析问题、研究问题、解决问题。

高级：考虑有利于综合能力培养的课程，如研究方向课程、专题讲座课程、学术讨论课程，同时进行更深入地图书馆实践，参与导师的研究课题和教学中去，最终完成学位论文的撰写。这一阶段从纵向上是培养以往所有知识的综合应用能力，为更高层能力的发展奠定基础，横向上则由面向点发展，使硕士研究生能对专门的问题进行深入研究和讨论，使其特长能力得到发展。

5.2 能力培养方法

建构主义强调学习的主动性、自主性，因而图书馆学硕士研究生能力培养的方法应当包括图书馆学硕士研究生的自我培养和导师的引导培养两个方面。

首先，应当吸引研究生自觉培养其能力。教师应当经常有针对性地设计一些研究生关心的图书馆学研究或图书馆事业中的实际问题，让研究生进行分析、研究、解答，引导研究生逐步进入研究能力的培养。研究生应当参与到实际问题的解决和实际能力的培养活动中去，循序渐进，解决的问题越多，能力也就越强。教师在提出问题的同时，应当经常引导学生去参与图书馆的实际工作，如为研究生联系相关的图书馆或情报所，使他们有机会多接触实际工作，并且在假期尽量安排研究生开展对特定图书馆的调查研究活动，使他们的实际工作能力和研究能力都能有所提高。

其次，应当与每一层次课程设置相结合，采取不同的方法，提高研究生在不同学习阶段的不同能力的不断提升。如在初级阶段，应当注重学习方法的引导，使研究生们的理解能力和认知能力得到增强。中级阶段一方面应当引导研究生去读更多的书，发现和分析、研究更多的问题，进行更多的思考，解决更多的问题，并将思考撰写成论文，以培养其研究能力；另一方面则应当让学生更多地参加专业技术工作，以培养其独立承担图书馆专业技术工作的能力。高级阶段则应当鼓励研究生对一些专深的图书馆学问题进行研究，对图书馆学的研究方法加以应用，进而将学位论文的写作作为综合能力培养的主要内容。

其三，应当尽可能地利用现代信息技术和方法对研究生进行技术能力的感染和培养。今天的图书馆学硕士研究生面对的是现代化的图书馆环境，虽然年轻一代的研究生被我们称作为“数字人”，但毕竟他们所接触的技术方法不是图书馆学专门的技术方法。为了研究生们就业后能够迅速进入专业的研究领域和工作领域，应当尽可能为他们创造利用现代信息技术开展研究、解决问题的机会，并且直接参与到图书馆的专业技术工作中去，以提升其技术应用和开发的能力。

5.3 能力培养机制

显然，建构主义更加强调导师的引导作用。目前，在硕士研究生的导师设置方面大多采取一对一的方法，也有一些学校采取了导师组制或双导师制。由于图书馆学的学科特点以及职业特点，对于硕士研究生核心能力的培养一方面强调其研究能力，另一方面要强调其操作能力，因此导师组制和双导师制应当更有利于研究生能力的培养。导师组的导师设置可以教研室为单位，吸收图书馆工作者中的高职人员参与其中，交叉设置。一个导师组可以针对某一研究生以一个导师为主导，其余导师为辅导，一个导师组可指导多个硕士研究生，但每位研究生的主导导师可以不同。双导师制则应当尽可能创造条件，实现馆学结合，设置学术导师一位、技术导师一位，前者重点负责研究生学术能力的提高，以提高学生的研究能力为主，最终应当进行学位论文的主导；后者重点负责研究生在图书馆实际工作方面的指导，以培养研究生的实际工作能力和技术应用开发能力等。

相应的导师组制或双导师制，离不开学习环境的构建。就图书馆学专业而言，有着与用人单位天然的密切联系，因此还可以考虑建立多培养基地的机制。学院（系）作为学术能力、研究能力培养的重要基地，而图书馆可以作为研究生操作能力、专业技能以及管理能力的培养基地。在多基地培养中可以将导师组制与双导师制结合起来，最终形成图书馆学硕士研究生能力培养的强化机制。

学术研讨制的建立也是图书馆学硕士研究生能力培养的重要方面，可以通过不同层次不同类型的学术研讨对研究生进行综合能力的培养。研究生的能力培养不能局限于课堂，将同学间的交流互动，师生间的交流互动，学生与馆员间的交流互动作为一种常态机制，并为研究生创造参加各种学术研讨会的机会，有利于研究生科研能力的培养，也有利于业务实践能力的拓展。

本文引入建构主义理论对图书馆学硕士研究生的核心能力培养进行探讨，始终认为这样的探讨会对围绕核心能力进行的各种能力的培养有着借鉴作用。希望经过这样的讨论，对图书馆学的人才培养能有所启发，也希望能看到更多的相关文献对图书馆学硕士研究生的能力培养工作有所指导。

参考文献

1 全国硕士研究生招生专业目录查询:图书馆学专业. http://yz. chsi. com. cn/zsml/queryAction. do

2 中华人民共和国学位条例(1980 年 2 月 12 日第五届全国人民代表大会常务委员会第十三次会议通过;根据 2004 年 8 月 28 日第十届全国人民代表大会常务委员会第十一次会议《关于修改〈中华人民共和国学位条例〉的决定》修正). http://www. moe. edu. cn/publicfiles/business/htmlfiles/moe/moe_619/200407/1315. html

3 辞海编辑委员会. 辞海(1999 年版普及本). 上海:上海辞书出版社,2002

4,6 张道祥. 当代普通心理学. 长春:吉林大学出版社,2006

5,8 阴国恩等. 普通心理学. 天津:南开大学出版社,1998

7 杨勇. 论图书馆服务能力的全面提升. 云南图书馆季刊,2011(3)

9 杨勇. 数字时代大学生的信息素质教育. 大学图书馆学报,2009(3)

原载于《2012 年第 11 届海峡两岸图书资讯学学术研讨会——开创两岸图书资讯学与图书馆事业新纪元论文集. B 辑》,淡江大学,2012 年 7 月

谈谈书次号的规范化与多样化*

目前,我国各级各类图书馆在书次号的使用上是比较混乱的,这一情况持续下去,必然会影响到整个分编工作乃至图书馆其他各项工作的标准化和规范化。在分编工作中由于同类书的排列至今未得到很好解决,所以即使搞了统编卡,仍然影响着整个分编工作的质量。因为无统一标准,各搞一套,势必在分编工作中耗费大量的人力,并直接影响到服务质量。尤其在图书馆事业走向社会化的今天,没有分编工作的基本统一,要搞资源共享,要搞现代化,实现计算机化,实现联机检索,实现图书馆的网络化是很难的。目前,我国分编工作标准化工作中,书次号的统一问题已经迫在眉睫。

目前,我国使用的书次号主要有著者号、种次号、出版年月号、书名号、财产登录号等几种,而较常见的是前三种。这些书次号各有优劣,为了有所比较,首先应该对书次号提出基本要求。书次号在某种意义上起着使分类进一步深化的作用。为了发挥书次号的这一作用,就要求书次号在一定程度上反映出该书的某些特征。其次,书次号在分编工作中担负区分同类图书、使每种书个别化的使命,它是排检分类目录,组织图书排架的重要检索点,因而从形式上应选用易记、易认、易掌握、符号简便、实用性强的号码系统。根据以上基本要求,我们来具体分析一下现行各种书次号。

* 本文发表较早,在重新录入时,文字除极个别错漏字外,保持了原文。但标点符号方面有较多问题,进行了较多更正。另外原文分段较多,做了一些合并。——作者

种次号:这是我国图书馆界较普遍使用的方法,这种方法按同类书在本馆分编的先后顺序取号。从形式上看,这种方法的号码短,取号方法简便,用于图书排架较方便,易掌握。通过种次号还能统计出本馆所收该类书的种数,便于统计各类书的种数,便于统计各类书的流通情况。但是,种次号从内容上看,除了能区分同类书的不同种外,没有任何特殊的意义,它只是在图书分编过程中形成的一种偶然的次序符号。这个符号所代表的意义与图书本身的性质特征无任何有机的联系。由于各馆藏书量及同一种书在各馆的分编先后不同,要想做到各馆统一区分号是不可能的,显然,种次号不能顺应标准化、规范化的潮流。

出版年月号:出版年月号一般是按该书出版的年月来区分和排列同类书的,即取一书出版年的后两位数加上出版月份而得。这种书次号不需要任何辅助工具,易记、易认、易掌握,就形式上看是较实用的;就内容而言,这种书次号因按一书的出版年月取号,而出版年月又是图书的特征之一,因而在一定程度上能反映该学科发展的情况。尤其对一些工具书,其出版年月很能帮助读者查阅。再则,这种书次号是将同类书按出版年月排列,因此给剔除旧书、补充新书带来了一定的方便。但是出版年月号有个致命的缺点,同年同月出版的同类书容易出现重号,为了避免重号,在分编时必须在公务分类目录中查检有无重号,这就给取号带来麻烦。

最近,有的同志提出按编期号来排列同类书,即按本馆分编该书的日期来取书次号。这种取号方法在其外形上与出版年月号相同,但从其性质上如同种次号,取号顺序仍然是一种偶然,其作用却不如出版年月号,也不容易实行全国性的统一。

著者号:这是按著者名称的字顺来区别同类书的方法。使用此方法,首先必须用代码的形式表示著者名称,依据一定的检索法编制成著者号码表。只要制定出全国范围内使用的统一的规范化的著者号码表,那么在书次号方面就可以达到一致。从内容上看,著者是一书的基本特征之一。著者号最主要的优点是能集中同一著者的同类著作，能在一定程度上反映出一个著者的学术思想发展概况。它对于工作人员来讲，会给排架、检索带来一定的方便；对于读者，可以在同一类目中很方便地查到同一著者的著作，较快地了解该著者在该学科的思想观点及贡献等，无疑可以起到向读者宣传图书，辅导阅读的作用。另外，著者号较稳定，一般不会因再版等情况而改变，更改分类法时，只要改分类号，对书次号只做一些调整便可使用。但是著者号在深化分类上的作用是很有限的，它只能从著者方面反映一书的特性，同时著者号在处理团体著者方面亦有困难，对于笔名、化名、改名、译名、丛书、多卷册书更换编者等情况必须做出合理规定，才能最终达到全国性的统一。

最近有的同志提出采用主题号，即采用《汉语主题词表》的规范词，取主题的汉语拼音字母组成的方法来排列同类书。这一方法的提出无疑对书次号的改进起了促进作用，其主要优点在于能起到深化分类的作用，其号码内容与分类号有很深的联系，使一书的内容特性更充分地得到反映。由于使用《汉语主题词表》中的规范词，因而容易达到全国范围内的统一。但是利用主题词的方法取号较麻烦，首先必须将自然词汇转换成规范词，如果每种书都如此，势必增加编目工作的负担。当然此项工作若由统编部门统一进行也就不存在问题了。另外，利用主题词区分同类书，必须进行二度区分，因在同一类目下，肯定会集中同一主题的多种书。为了使每种书个别化，必须再加区分号，因而造成号码冗长、难记、难认。对于综合性图书、复合主题的图书、交叉学科的图书取号便更加困难。再则《中图法》有些类已区分得非常细，再用主题号无疑重复反映，意义不大，尽管如此，主题号法还是有可取之处。

综上所述，各种书次号都有其优点，有其存在的合理性，为了能够使书次号的使用更科学合理，方便实用，我认为书次号的使用应是多样化的。即在采用一种主要书次号的基础上，对一些特殊类目采取变通的书次号。这样做的好处在于既考虑到了一般情况下图书分编的规律性，方便了取号及使用，又能照顾到特殊类目的特殊需要，就书次号本身来讲，也可起到扬长避短，相辅相成的作用。另外，这样做也照顾到了图书本身的特性。图书本身是复杂的，多样化的，要想通过书次号的形式反映出这种复杂性与多样化，书次号就不能局限于一种。那么采用以一种书次号为主，多种书次号辅之的方法是否会造成混乱呢？我认为只要处理得当，不但不会造成混乱，反而易达到全国性的统一。其实，在使用多种方法排列同类书的问题上，《中图法》已做了尝试，已开了先河。

《中图法》在这些特殊类目中，通过加注释的简单方法，规定并指出了书次号的取号方法。这些规定无疑为书次号的变通奠定了基础。在确定了一种主要书次号后，再对《中图法》的一些特殊类目进行必要的修改、补充，并对其书次号的取法做出特殊规定，将这种主要书次号与《中图法》的有关规定配套使用，必将取得较好的效果。但必须注意，一个类目用一种书次号，而且一经规定下来，就不能轻易改动，否则就会造成混乱。另外所谓特殊类目是指那些必须采用特别的书次号才能适用的类目，若不分青红皂白，明明可以不用特殊方法区分还硬行套用，也会造成不必要的麻烦。

既然以一种书次号为主，而各种书次号又各有优劣，那么，在选择主要书次号上就难免会出现不同看法。就我个人的意见，认为以著者号为主，其他多种方法为辅是比较恰当的。首先，从对著者号本身的特点的分析中我们已看到了著者号的优势，在与其他各种书次号的比较中，著者号最接近我们对书次号提出的基本要求。因此以著者号为主要书次号，其他书次号为辅是符合实际需要的。其次，著者号有在各级类目中普遍适用的优点，以著者号为主要书次号，其他各种方法辅之，有利于类目的普遍性与特殊性的有机结合，形成书次号的系统性和规律。由于著者号本身适应各级类目，所以绝大多数类目得到了照顾。同时又采用多种方法，打破了一种书次号的局限性，使得书次号的取法具有灵活性，在处理特殊类目中的同类书方面也更为方便。第三，采用著者号为主的方法排列同类书适合我国大多数读者的检索习惯。一般读者依靠分类目录检索时，总是在查到所需类目后，进而考虑著者，所谓慕名而来。由于著者号在同类目下能集中同一著者的同类书,又兼有易认、易记、易掌握等特点,因此给检索带来极大方便。第四,著者号本身是有规律性的,只要掌握了规律,便会给图书馆工作人员在取号、组织目录、典藏流通等工作都带来方便。第五,绝大多数类目都采用著者号,将促进现代化的进程。因为著者号,尤其是拼号法组成的著者号较为符合汉字信息处理的要求,因而给使用计算机输入时带来了方便。会给联机检索奠定好的基础。

目前,我国使用的著者号码表主要有列举式与组配式两种。前者以姓氏分布的普遍规律为依据,合理配置号码,通过查表的方式确定著者的号码。如袁涌进、周树基编《汉语拼音著者号码表》,李修宇等编《中文图书汉语拼音著者号码表》,王凤翥编《笔划起笔著者号码表》等都属列举式。后者一般采用拼号的方式,其号码表的篇幅很简短,只讲明组配原则、号码制度及使用方法,因而又被称为拼号法著者号码表。如蒋完奎的《著者号码表》以及利用一定的字典、词典,按一定规则拼号的方法都是这样。根据图书馆事业发展的情况看,组配式更符合汉字信息处理的要求,更利于图书馆事业的现代化。但是为了处理团体著者及知名度极高的著者的图书,也可作为特殊情况采用列举式,使两种方法配合使用,不管采用何种方法,其最终目的是要达到全国统一和规范,以便于图书馆事业的发展。

目前,统一全国书次号还是一个有待深入研究的问题。尽管对于这个问题过去学术界曾多次探讨过,但没形成统一的定论。笔者在此提出一些个人的粗浅看法,以求抛砖引玉,希望能通过探讨达到认识趋一。

参考文献

1 高亚男,张健. 论同类书的排列:与丘福光同志商榷. 成都大学学报:社科版,1985(3)

2 杨沛超. 编期号初探——兼评几种书次号. 图书馆学研究,1986(3)

3 李图. 关于创立新书次号的思考. 图书馆,1985(5)

4 余葭生. 谈谈著者号和种次号. 图书工作通讯,1979(5)

原载于《云南图书馆》,1990 年第 2 期

方国瑜先生论著略述

方国瑜先生在中国史学界享有盛誉，被誉为“南中泰斗，滇史巨擘”[1]，以其学识之渊博、著述之丰富、成果之丰硕、成就之卓著，得此殊荣堪称当之无愧。本文拟就方国瑜先生的主要论著及其特点做一些探讨。

一、著述丰富，内容广博

方先生一生发表论文上百篇，出版著作十余部，著述逾千万字，可谓著述丰富，而其内容也极广博。

方先生早年主要从事语言学、文字学、音韵学方面的研究，具有影响力的著述有：

《广韵声汇》三十八卷，是方先生在北京大学研究所国学门做研究生时的毕业论文，1932 年通过答辩（未版，“因是音韵学的著作，难于排版，留待以后筹集经费影印出版”[2]）。

《困学斋杂著》作于 1933 年前，初发表于 20 世纪 30 年代，含《广韵声读表》《隋唐声韵考》《慎子考》《慎子疏正》《论学存稿》五种，2001 年 8 月，林超民教授编辑、云南教育出版社出版《方国瑜文集》，此五种全部被收入该文集第五辑中。

《纳西象形文字谱》作于 20 世纪 30 年代，1939 年定稿，几经波折，直到 1981 年 4 月才由云南人民出版社出版，1987 年 7 月重印，1995 年

10月再版。

而方先生一生最为重要的著述为史学以及与史学相关的研究，主要著述有：

《滇西边区考察记》作于1935－1936年，云南大学西南文化研究室“西南文化研究丛书”之二，1943年印本，收入《班洪风土记》《炉房银厂故实录》《卡瓦山闻见记》《滇缅南段界务管见》《裸黑山旅行记》《摆夷地琐记》六篇。2001年8月《班洪风土记》《卡瓦山闻见记》《滇缅南段界务管见》《裸黑山旅行记》四篇被收入《方国瑜文集》第四辑中。

《抗日战争滇西战事篇》作于1946年，其中一部分被收入《保山县志》。云南省政协文史资料委员会《云南文史资料选辑》第十九辑1983年4月内部印行。1994年6月，由云南大学出版社出版，总15.6万字。

《元代云南行省傣族史料编年》云南人民出版社，1958年8月出版，8万余字。复全书被收入《云南史料丛刊》第三卷、《方国瑜文集》第三辑。

《彝族史稿》四川民族出版社，1984年3月出版，共45万字。

《中国西南历史地理考释》上、下两册，中华书局，1987年10月出版。又有台湾“商务印书馆”，1990年6月版，总95万字。

《〈马可波罗行纪〉云南史地丛考》方国瑜、林超民合著，民族出版社，1994年1月出版。复全书收入《云南史料丛刊》第三卷。

《云南史料目录概说》三册，中华书局，1984年1月出版，总100余万字。

《云南史料丛刊》方国瑜主编，徐文德、木芹、郑志惠等纂录校订。1965年刻印第1辑，1978－1983年刻印第二至五十七辑。1990年4月，由云南人民出版社以大32开本出版卷一，因种种原因，未完成出版20卷的计划。后由云南大学出版社于1998年2月至2001年9月重新以精装16开本排版，出版第一至十三卷，并附郑志惠编辑总目录一册，总字数达1300余万字。

《云南民族史讲义》编著于1954－1955年，有云南大学历史系1955年、1957年油印本，为云南大学历史系民族史专业教材。经秦树才、林超民二位先生整理，于2013年3月由云南人民出版社正式出版。

《滇史论丛》第一辑，上海人民出版社，1982年9月出版，本辑收入方国瑜先生自编论著18篇，原计划出版五辑，因种种原因未果。后本辑收入的18篇论著全部被收入《方国瑜文集》。

《方国瑜文集》全五辑，由林超民教授编辑，云南教育出版社，2001年8月出版。全书收入方国瑜先生论著96篇。第一辑为方先生晚年所写的理论文章和有关先秦至晋代的论著21篇；第二辑为方先生有关唐、宋时期的论著33篇；第三辑为方先生有关元、明、清时期的论著15篇；第四辑为方先生金石学、民族学、历史地理学方面的研究成果21篇；第五辑为方先生30岁前语言学、音韵学方面的论著6篇，总220余万字。

除正式出版的史学论著外，还有部分史学讲义、稿本、刻印本等流传于世，如：

《云南民族史史料目录解题》上、下二册，云南大学历史系，1957年油印本，该书最初是为云南大学历史系民族史专业所编教材，与《云南民族史讲义》配合使用，后成为《云南史料目录概说》的母本。

《云南地方史讲义》上、中、下三册，方国瑜主编，徐文德、木芹编写；另有《云南郡县两千年》作为该讲义的参考资料，由林超民编写，共同作为云南广播电视大学教材，由该校内部出版。该书第一编《云南地方史导论》及《云南郡县两千年》中的《云南地方史导言》由方国瑜先生撰写，后者全文收入《方国瑜文集》第一辑。

《云南金石文物题跋》稿本，后全书收入《方国瑜文集》第四辑。

除上述论著，1935－1936年，方先生参加中英会勘滇缅边界，写了大量考证文章，《滇西边区考察记》便著于此时。20世纪30－40年代，方先生参加编纂《新纂云南通志》，撰写了《建置沿革》《疆域考》《金石考》《宗教考》《族姓考》诸目。与友人凌纯声、向达、楚图南、闻宥等一起主办了《西南边疆》杂志，共出版18期。云南大学成立西南文化研究室，方先生任主任，编辑出版丛书11种。抗日战争结束后，方先生到滇西收集抗战资料，《抗日战争滇西战事篇》即写于此时，并总纂了《保山县志》，补纂了《腾冲县志》。20世纪50年代，方先生还参加全国少数民族社会历史调查，查阅大量文献，编写了《历史文献中的云南民族》《元明清时期的云南土司土官简录》等重要资料。20世纪60年代至70年代初，方先生作为主持人，完成了《中国历史地图集》西南图幅的绘制工作。另外方先生还与他人合著论著若干，这里恕不一一赘述。

方先生论著研究的内容十分广博，涉及史学理论、云南地方史、云南民族史、宗教史、历史地理学、边疆学、语言文字学、音韵学、金石学、文物学等，而方先生功夫最深的则是史料学及云南地方文献学研究。方先生以渊博的学识，为云南史料及地方文献的收集、整理、考订和研究奉献了毕生的精力，做出了巨大的贡献。重要代表作《云南史料目录概说》以及在此基础上主编完成的《云南史料丛刊》，不仅代表了方先生对云南地方文献学研究的最高成就和最大贡献，而且可称之为是云南地方文献学的集大成之作，是迄今为止最为完备的云南地方史史料文献著作。

二、论证严谨，求真求实

方先生的论著多而不泛，内容广而不滥，每部论著都可说是精品之作，体现了方先生严谨的治学态度、精湛的学术造诣、渊博的学识知识以及深厚的理论功底。

方先生治学首先强调实事求是。他说："我们要坚持实事求是的态度……这是我们做学问唯一正确的态度，也是唯一正确的方法。"[3]在这一基本治学思想的指导下，方先生的著述形成了论证严谨、言必有据的学术风格和特色。方先生强调，实事求是就必须占有可靠的史料,方能进行研究。他说:"要做到实事求是,就必须有大量的、批判地审查过的、透彻掌握住了的历史资料……单靠几句空话,是什么也做不出来的。"[4]"如果不先把有关史料的一些问题解决,不可能阐明历史真相,考订史料是研究工作的先决条件。"[5]因而方先生的论著,大到宏篇巨制,小到几千字的论文,随处可见其引用经过严密考证过的史料,篇篇如此,反映出方先生踏实治学的作风。

方先生主张治学者应"经过多年的冷静钻研,下一番极认真、极艰苦而浩繁的工夫,通过自己的独立思考"[6]。他说:"实事求是,就要做到要全面,不要片面;要客观,不要主观;要本质,不要现象。不能抓住只言片语,就大发议论。摆事实讲道理,就是要求承认事实,从实际出发,找出规律,得出科学的结论,不摆事实,没有充分、详细的材料,道理也是讲不清的。"[7]因此,我们在方先生的论著中随处可见其认真研究史料,不放过任何一个细节,从多个方面充分论证其真实性,最终形成自己观点的求真求实的风格特征。如《云南史料目录概说》的出版,其前身是《云南民族史史料目录解题》,油印本完成于1957年,1958年中国科学出版社就已计划出版,继而由于出版社分工,由中华书局继续列入出版计划,但方先生几经修改后,仍不满意[8],直到1983年才以《云南史料目录概说》为名交中华书局出版。方先生认为,对问题的考证,一是要有理证,要用常理去判断;二是要有书证,用当时的文件如诏令、法律等做证据;三是要有物证,要以实物证之;四是要实地考察,即去实地调查研究[9]。可以说,方先生论著的大部分都是对史料进行深入研究的结果。方先生著书立说若无可靠的史料依据绝不轻下结论,正因为如此,他的论著才更具参考价值,其论述才更为可靠。

方先生还强调研究的创造性,他说:"我们要有革命气概,心胸开阔,做到'不淹没前人,要胜过前人'。前人不够的,加以补充;前人不对的,要改正过来;前人未曾说到的,要敢于创造,有所发明。"[10]因此,方先生论著中多有创造性论述,其见解总有独到之处。如方先生在参加绘制《中国历史地图集》西南地区图幅时,曾对我国历史上几个政权同时并存，政治区域如何处理、如何表现在地图上等问题谈了许多颇有见地和极具价值的意见，得到当时主要负责人吴晗和尹达先生的重视[11]，虽至今对此尚存争议，但由此可见方先生独立思考，敢于发表不同意见的精神。方先生的创造性见解是在深入研究前人著述和史料的基础上形成的，他说："唯其不淹没前人，方能胜过前人。"[12]不止于此，方先生对他人的相关论述也颇为关注，在深刻研究的基础上以形成自己的观点。如《关于"乌蛮"、"白蛮"的解释》《有关南诏史史料的几个问题》等文章，都是他精深研究、求真求实的具体体现。

三、史料学、文献学基础厚实，知识渊博

方先生的论著最以引经据典、充分引用史料见长，这应当说与其具备渊博、厚实的史料学、文献学基础是分不开的。我们从对方先生论著的研究中可见其史学研究的基本方法，即：先全面收集史料，进行考证整理，梳理出基本脉络，然后以史料为基础进行研究，得出结论。

方先生史料学、文献学思想的形成源于对史学研究的需要，他视史料为研究历史之基础。他说："研究历史，要有真实的史料，并明白其实际的内容，才能科学的进行研究。"[13]他认为，史料对于史学就像建筑高楼大厦离不开的砖瓦一样。史料学是历史学的辅助学科，也是历史学的基础。历史研究必须从收集史料、整理史料、分析史料开始[14]。方先生多次谈到，他最初的治学经历就是从整理史料、专心本省文献、注意地方历史文化研究开始的。他还谈到他年轻时师从钱玄同、余嘉锡、马衡、陈垣、梁启超、章太炎、杨树达、刘半农、袁嘉谷、周钟岳、由云龙、方树梅、赵式铭、赵元任、李方桂等学者研习史学、音韵学、文字学、文献学、目录学、版本学、校勘学、训诂学等科目的情况，这些都为方先生成为一代杰出的史学家、文献学家、史料学家奠定了厚实的基础。

方先生渊博、厚实的史料学、文献学基础是多年积累的结果。积

累史料要从搜集整理研究史料及各种文献开始，这一工作极其艰苦、浩繁，方先生从 20 世纪 30 年代便开始了这一工作。林超民教授在《云南史料丛刊》后记中记述了方先生积累史料的过程："方先生阅读并辑录了大量云南地方史料。每读一部书或一篇文章，都做笔记，写下概要。""方先生博览云南历史典籍。他将道光《云南通志·艺文志》的单行本置于案头随时翻阅，按照目录搜寻史料。方先生每读一部书都做卡片，并写札记与评论。"同时林超民教授还记述了方先生读书"韦编三绝"以及"两快"，几乎遍览与云南有关的所有文献，重点文献反复研读，所做札记、笔记、卡片、评论不计其数的动人景况[15]。经过多年的研究，方先生总结出了一套分析鉴别史料的方法：①鉴别史料的来源，要考察其原始出处、保存与流传过程；②鉴别史料的真伪，要考察其作者、时间、地点和使用；③鉴别古代史料，要考察其制作的原料和技术；④鉴别史料形式，要考察是否与当时当地切合，是否合理；⑤鉴别史料的印章，要考察其式样、尺寸、花纹、字体、内容是否与当时（朝代）规定相符；⑥鉴别史料的字体，要考察手写的笔迹、印刷的字形、避讳改字与用字的习惯；⑦鉴别史料的文体，要考察是否与那个时代文体相符，各个时代是不相同的，可以说是天然的划界；⑧鉴别史料的变化，要考察其怎样变化及其变化的过程；⑨鉴别不清楚的史料，要实事求是，可存疑待证，切忌主观臆断，牵强附会；⑩鉴别史料，要注意社会性，即阶级性[16]。正是方先生的吃苦耐劳精神以及科学的治学态度，使其积累了渊博、厚实的史料学和文献学基础；也正是方先生具备了渊博、厚实的史料学、文献学基础，才使其在学术上获得了巨大的成功。

四、为滇史研究奠定坚实基础

从方先生众多的著述中，我们不能不深感叹服：方先生无愧于一位杰出的学者，他为后学者留下的宝贵的知识财富，尤在滇史研究方面所起的奠基石作用,是云南任何一位学者都无可替代的。

首先,方先生重视地方文献、地方史料的研究,是为进行云南地方史研究奠定基础的。他曾在《云南地方史导言》中谈到过他的工作计划,从该计划中,我们可窥见其进行文献和史料研究的目的。方先生计划在他有生之年完成四部分工作:先做史料的收集整理,进行《云南史料丛刊》的编辑;史料收集整理工作完成后,进行《云南历史资料编年》的编辑;继而写出云南各民族专史和云南农业史、矿业史、交通史、商业史等专门史;最后完成《云南地方史》,即《云南通史》的编纂[17]。方先生进行云南地方史研究首先要做的就是史料的收集整理工作,即完成从《云南民族史史料目录解题》到《云南史料目录概说》《云南史料丛刊》的工作。由于方先生过早辞世,整个计划未能实现。《云南史料丛刊》尚未完成;历史资料编年仅完成了《元代云南行省傣族史料编年》;专史仅完成了《彝族史稿》;由于教学需要,提前编写了《云南地方史讲义》的初稿。这里我们较能完整看到的是方先生第一步工作计划的成果,他虽未能亲自实现自己的计划,但随着《云南史料丛刊》的问世,他的学生们继承其遗志完成了这步工作,为云南史学研究奠定了坚实的资料基础,也有学者称《云南史料丛刊》是"滇云史籍之总汇,研究资政之宝藏"[18]。方先生自己未及完成他后续的工作计划,却为后人建造了一座滇史研究取之不尽、用之不竭的资源宝库。我们从后人所撰多部云南史学经典著作中,都可看到方先生所做基础工作的烙印。尤其早年,《云南民族史史料目录解题》不仅是培养云南民族史、云南地方史研究人才的教材,更是研究云南的学者和干部案头必备的参考书,而由《云南民族史史料目录解题》脱胎而来的《云南史料目录概说》《云南史料丛刊》,其内容更充实、更完备,在云南地方史研究中也起到更大的作用,这正是方先生所期待的。

方先生将史料研究工作比作是为建筑高楼大厦烧砖造瓦,为矿山基本建设勘探挖矿,将自己比作是砖瓦匠、挖矿工,愿意为研究者做好基础工作[19]。他在《云南史料目录概说》后记中写道:"旧社会个人观念重,各人都做基础工作,问题研究好了,把基础的稿子毁掉,拿出来的成果，只要'绣罢鸳鸯从君看，不把金针度与人'，成了风气。而愿意发表基础工作的人，如齐召南、李兆洛、汪辉祖、吴廷燮等人，做了一些工具书，看作是傻子，吃力不讨好，这是中国学术所以进步延缓的原因。社会主义时代，要彻底批判这种恶劣作风，要多搞基础工作，为大家用。"[20]方先生不仅是这样说，也是这样做的。如龚荫教授在其纪念方先生的文章中，记述了在研究云南土司制度问题时，受到方先生史料方面的指导的经历[21]；又如方先生在《元代云南行省傣族史料编年》弁言中记述了曾将该书书稿交江应樑教授提意见，并供其编写傣族史讲义使用的过程[22]。虽江先生最终出版《傣族史》[23]时未加采用，但足可见方先生的精神，他无私地将他史料研究的成果奉献了出来供众人使用，从另一方面实现了他一生的价值。对于一位学术造诣深厚、学术成果斐然的大学者来说，这是多么高尚的情操。

其二，方先生对于历史有着许多独到的见解和精湛的论述，尤其对于如何研究云南边疆少数民族地区的历史有着深刻的理解和认识。1963 年，方先生发表了其史学观点的代表作《论中国历史发展的整体性》①。该文从中国历史的范围、中国历史的整体性与统一性、中国历史的整体性与不平衡性、整体之内存在差别而歧视是错误的四个方面，展示了中国历史发展整体性的史学观点。针对史学界存在的割裂汉民族与少数民族历史，割裂正统王朝与各地方政权统治的地域，将王朝史作为中国史、将社会发展不平衡产生的在不同社会基础上建立的不同的政权形式误认为是国家主权的差别，并且由此产生民族歧视、地域歧视的偏见等错误观点，方先生明确指出，应当从中国历史发展的整体性出发予以批判。他阐明了"中国历史应当是中国各民族共同的历史""王朝的疆域，并不等于中国的疆域；王朝的兴亡，并不等于中国的兴亡""中国历史是有其整体性的，在整体之内，不管出现几个政权，不管政治如何不统一，并没有破裂了整体，应当以中国整体为历

① 本文最初发表于《学术研究》1963 年第 9 期，后全文收入《滇史论丛》第一辑和《方国瑜文集》第一辑。

史的范围,不能以历代王朝疆域为历史的范围""在中国历史发展的过程中,有过若干次的政治不统一,出现过几个政权同时存在、各自称国的情况,但是它们也还是在中国版图之内,同为中国历史的一部分""由于各民族的民族特点和具体条件,长期以来全国各民族社会发展是不平衡的。但是各族之间虽有差别性,也有一致性,在历史发展过程中,并不以差别性而分离,乃以一致性的共同要求而结合成为一个整体"等观点①。这些观点深刻揭示了中国历史发展过程的特点,批驳了割裂中国历史的种种错误看法,体现了方先生马克思主义的历史唯物主义思想,对云南地方史和民族史的研究有着不可低估的重要的理论指导作用。其后,方先生以这一理论观点为指导,完成了多项研究工作。如他在参加《中国历史地图集》西南历史地图绘制过程中,针对西南历史地图如何解决中央政权统治区域与各地方政权统治区的关系等问题,提出的许多颇有见地的思想,就是基于中国历史发展的整体性这一基本思想的。尤其是 1964 年 5 月方先生对中国历史地图绘制问题写给吴晗和尹达先生的信[24]更表明了这一思想。后来他编著《中国西南历史地理考释》一书,使这些思想更为具体和形象。又如方先生的《〈云南地方史〉导言》一文,在第一部分就阐明了"云南地方史是中国史的一部分"。该文阐述了云南地方史与中国史的关系以及研究的一致性,云南地方史与云南民族史的关系以及研究的一致性和云南地方史研究的内容、意义,并就云南地方史的分期问题谈了"是与内地基本一致而有不同阶段"的观点。这一观点为云南地方史和民族史的研究奠定了非常重要的思想基础,不但方先生本人的多部云南地方史研究论著是以这一观点进行分期的,而且这一分期也得到了史学界的公认,是云南历史发展研究的基本分期方式。

方先生中国历史发展的整体性观点,对后来云南史学界研究云南地方史、云南民族史以及中国历史、中国民族史产生过极大影响。如:江应樑先生主编、方国瑜先生为顾问的《中国民族史》[25]就是在方先

① 以上皆引自:方国瑜《论中国历史发展的整体性》。

生这一思想指导下编写的。该书中绪论通篇贯穿着多民族国家整体发展的观点:“我国是一个统一的多民族国家”“中国历史是由中国各民族的历史共同构成的”“中国历史是汉族和各少数民族共同创造的,因此,研究中国历史,不仅要研究汉族的历史,还必须重视研究少数民族的历史。少数民族历史是中国历史不可分割的有机组成部分,在中国历史中占有特别重要的地位;离开了中国民族史,就不可能有完整的科学的中国史”“云南各民族是祖国大家庭的成员,与全国各族人民相互依存、相互交流、共同缔造了统一的多民族国家。云南民族史是中国民族史的一个有机组成部分,统一在中国历史发展的整体之中”“我国是一个历史悠久、疆域辽阔、民族众多的国家。大部分少数民族生活居住在边疆地区,正确处理祖国历史上的疆域或少数民族间的关系,是中国民族史上带根本性的问题,具有重要的学术价值和现实意义”“在探讨和研究我国古代历史疆域时,应与今天的版图范围相区别”“我们着眼于整个历史发展的进程,不为历史上暂时分裂现象所左右”等。绪论中同时也对以王朝史替代中国史、以汉族史替代中国史、“尊王攘夷”等错误观点进行了批判。1995 年,被誉为得了方先生真传的木芹先生[26],撰写并出版了他的中国民族史力作——《中华民族历史发展整体论》[27],更以方先生的理论思想为指导,全面阐述了中华各民族在中国历史发展中的整体性观点。雷虹霁博士所撰《中华民族史学与中华民族形成史研究的新思考——20 世纪的学术回顾与理论反思》[28],谈到 20 世纪 50 年代以来中国民族史研究的第三阶段是“1988 年以来对中华民族进行整体研究的阶段”,其标志是费孝通先生发表了《中华民族的多元一体格局》一文[29]。如果认真考察云南史学研究的历史和方先生的中国历史发展整体性思想,我们不难看出,中华民族整体研究早在 1988 年之前就已在云南史学界得到认同并成为史学研究的基本指导思想,这不能不归功于方先生的贡献。

其三,方先生的多部论著,成为云南史地研究的奠基性、开创性著作。方先生的论著大多是多年研究的结果,大多具有开创性,因而他的论著往往成为研究者开展研究工作的基础。如《云南民族史讲义》

是新中国成立以来的第一部云南民族史著作，为云南大学历史系最初开设云南民族史课程提供了依据，也为方先生后来开设彝族史、白族史、傣族史等专题课程、撰写《彝族史稿》奠定了基础，而《彝族史稿》本身也成为研究彝族史的开创性著作。1955 年，云南民族史课程交由尤中先生讲授，尤中先生于 1994 年出版了《云南民族史》[30]，该书虽在体例和内容上与前讲义有所不同，但我想这与方先生的前期工作应当还是有一定关系的。方福祺女士称该讲义为“云南地方民族史的拓荒之作”[31]，是有一定道理的。1960 年，在方先生和江先生的共同主持下，又写成了《中国民族史讲义》供教学之用，并被列为高教部文科推荐教材[32]，这部教材后来成为江先生主编《中国民族史》的母本。又如《中国西南历史地理考释》，该书对我国历史上西南地区（即现在云南全省、四川大渡河以南、贵州省贵阳以西）的地理进行了全面考释，“以各时期政区地名的情况分作六篇”“各篇以朝代称号标题”“先做概说，揭示历史情况，而主要部分为解说地名”。对于地名的考释，首先考释资料，“先为出处，依据各时期的记载，校录原文；次为后来之考证，各说不一，列举之。稍用评论，亦有存而不论者。又次为瑜之见解，有从已有之说而加详者，有出新意者”[33]。就地名考证而言，是迄今为止考证最详、最为可信的一部专著。就收入地名而言，全书共收入西南地区历史地名 2100 多个，也是迄今收录地名最多的专著。云南历史地理学家朱惠荣教授认为该书“为西南历史地理的研究提供了依据，是西南历史地理的奠基之作”[34]。再如《纳西象形文字谱》，是一部研究纳西族文字、语言、历史、风俗、宗教的专著，学术价值极高，是迄今为止收纳西象形文字最多、研究最为深入的专著。由于该书“把纳西族古文字的研究与社会历史联系起来，抓住本质，提出新的问题，见解独到，为象形表意文字的比较研究开拓了一个崭新的前景”[35]，奠定了纳西象形文字研究和纳西历史文化研究的基础，同时也为保存、研究和开发云南民族历史文化资源做出了重要贡献，因而在国内外学术界都产生了极大的影响，方先生因此被称为“纳西历史、语言与文化之父”[36]。还有《抗日战争滇西战事篇》，以方先生亲临滇西考察所得的第一手资料为基础而编著，辑录史实时间距离事件发生之时贴近，资料翔实可信，现在研究滇西抗日战争史的学者没有不读该书的。

面对方先生极其丰厚、极具内涵的论著，仅用以上文字，不可能反映出全貌。方先生无愧为当代滇史研究的杰出学者，他对滇史研究乃至中国史学研究所做的卓越贡献，将永远载入云南学术研究的史册。从一个文献工作者的角度理解方先生，最令人感动的是方先生耐得寂寞吃得苦、甘为他人作嫁衣的精神，这应当是每一位文献工作者所具备的基本素养，更是每一位做学问的人应当具备的精神。今天我们纪念方先生，最重要的就是要学习方先生踏实治学、求实进取的学术精神以及无私奉献、甘为人梯的高尚情操。我想，如果用方先生的精神去研读方先生，我们的收获将会更大。

参考文献

1 林超民.方国瑜先生传略//方国瑜文集（第一辑）.昆明：云南教育出版社，2001

2 林超民.《方国瑜文集》编辑说明//方国瑜文集（第一辑）.昆明：云南教育出版社，2001

3，4，6，7，10，12，17 方国瑜.《云南地方史》导言//方国瑜文集（第一辑）.昆明：云南教育出版社，2001

5，9，13，16，21，35 龚荫.西南民族史地理学的一代大师.西南民族学院学报（哲学社会科学版），1996（5）106－110

8，11，24，31 方福祺.方国瑜传.昆明：云南大学出版社，2001

14，15，26 林超民.《云南史料丛刊》后记//云南史料丛刊（卷13）.昆明：云南大学出版社，2001

18，36 诲人不倦千古师范.云南大学报，2003－03－10（1）

19，20 方国瑜.云南史料目录概说.第三册.后记.北京：中华书局，1984

22 方国瑜.元代云南行省傣族史料编年//云南史料丛刊（卷3）.昆明：云南大学出版社，1998

23 江应樑.傣族史.成都：四川民族出版社，1983

25，32 江应樑.中国民族史.北京：民族出版社，1990

27 木芹.中华民族历史整体发展论.北京：民族出版社，1995

28,29 雷虹霁.中华民族史学与中华民族形成史研究的新思考——20世纪的学术回顾与理论反思.黑龙江民族丛刊,2002(4)
30 尤中.云南民族史.昆明:云南大学出版社,1994
33 方国瑜.《中国西南历史地理考释》弁言,北京:中华书局,1987
34 朱惠荣.中国西南历史地理考释.书品,1990(2)

原载于《云南文史》,2013年第2期

云南地方文献的集大成之作

——《云南史料目录概说》与《云南史料丛刊》介评

（一）

《云南史料目录概说》与《云南史料丛刊》是云南省著名历史学家、史料学家、云南大学已故著名教授、被誉为“南中泰斗，滇史巨擘”的方国瑜先生的重要代表作，在云南史学界及云南地方文献学界都公认为是云南史料研究的集大成之作、传世之作。

《云南史料目录概说》（以下简称《概说》），全三册十卷，百余万字，由中华书局1984年出版。卷一至卷五为图书、档册等文献资料，收录云南历史文献800余部（篇、条），按成书时代，顺序编排，每一时期之下又分别按不同时期的情况标列纪传、地理志、地方史志、编年史、政事、政书、案牍辞章、杂纂杂录、旅行记、诗文集等属，每属之下对收录的每部（篇、条）文献进行著录，撰写提要，并对史料来源、版本流传情况、史料的真伪、史料的价值等进行了说明（即概说）。卷六至卷十为金石文物资料，收录云南各时期金石文物350余件，对每件金石文物的外观及发现过程、发现地点、收藏状况进行著录，进而对金石文物进行考证，对其来龙去脉以及史料价值进行概说，同时辑录了历代与该金石文物进行考证有关的有价值的文献资料，进行辨析，以供研究者使用。该书是迄今为止检索云南地方史史料文献最全面、最可信的专科目录学、文献学著作。

《云南史料丛刊》（以下简称《丛刊》），由方国瑜主编，徐文德、木芹、郑志惠等纂录校订，1965 年刻印第 1 辑，1978 — 1983 年刻印第2 — 57 辑；1990 年 4 月，由云南人民出版社以大 32 开本出版卷 1，因种种原因，未完成出版 20 卷的计划。后由云南大学出版社于 1998 年 2 月—2001 年 9 月以全精装 16 开本排版，出版卷 1 — 13，另附郑志惠编辑总目录一册，总字数达 1300 余万字，至此全书终全出齐。该书是在《概说》的基础上编纂的，目的是为研究者提供方便。研究者通过《概说》只知有什么史料以及该史料的基本状况如何，如需原文还要进一步到浩如烟海的文献中去索取。《丛刊》则网罗所有史料为一编，免去研究者收集史料之艰辛，也免去了许多重复工作，节省时间，可快出成果，多出成果，以达“少数人出力，多数人应用”[1]之目的。《丛刊》基本按《概说》的时间顺序编排，分为汉晋、唐宋、元、明、清五个时期，每一时期又依当时史料的不同情况分为纪传、地理志、地方史志、编年史、政事、政书、案牍辞章、杂纂杂录、旅行记、诗文集、文物考说等属，每属之下列出史料。在整体结构上与《概说》不同的是，金石文物史料不再单列分期，而是与同一时代的图书、档册等文献编列在一起，使同一时期的史料不至于割裂，便于翻检者按时代索取。在内容上与《概说》不同的是，《丛刊》对每篇史料的处理按三部分编辑，首先是方国瑜先生对该篇史料的考证，即“概说”；其次是该篇史料的原文，由徐文德、木芹、郑志惠等先生在方先生指导下辑录；最后是纂录、校订、整理者就史料的版本、价值等问题所写的说明，即“后记”。通过《丛刊》，不仅能得到史料原文，而且可通过“概说”及“后记”了解该部（篇、条）史料的来龙去脉、产生背景以及真伪、流变等状况。最后，郑志惠女士还编辑了总目录一册，使方先生编纂《丛刊》“得此一编，众本咸在”[2]之初衷得到了更为圆满的体现。《丛刊》涉及 400 余部著作，收录史料数千篇、条，概说近千篇，后记数百篇，其工程之浩繁，在云南省地方文献工作中是前所未见的。由于《丛刊》按历史分期编排，全面辑录了史料，并对每篇史料阐述了历史背景，对史实进行了严格的考证，因此通读《丛刊》，有详尽学习云南通史之感受。

《云南史料目录概说》最初的稿本是《云南民族史史料目录解题》,上、下两册,云南大学历史系1957年上油印本。该书最初是为云南大学历史系民族史专业所编教材,与《云南民族史讲义》配合使用,后成为《云南史料目录概说》的母本。林超民教授在谈到《云南民族史史料目录解题》时引用学者的话说,该书是“指引读书门径的灯塔”[3];对于《云南史料目录概说》则称其为“集大成的著作”[4];而《云南史料丛刊》是“为云南文化建设树立了一座丰碑”[5];也有学者称《云南史料丛刊》是“滇云史籍之总汇,研究资政之宝藏”[6]。

(二)

《概说》与《丛刊》是从地方史料学这一专科文献学的角度对云南地方文献进行搜集、整理、研究的成果,所收文献的中心是地方史料。从地方文献学的基本概念出发,我们知道,地方史料文献是地方文献系统中的重要组成部分。由于大部分的地方文献属于当时、当地的人对当时、当地的事物所做的直接的描述,因此无论是正史、档册、笔记、杂著,还是小说、诗词、儿歌、民谣等,其内容都具一定的史料价值,同时凡治地方史料学者,必须全面了解地方文献,从各种与本地有关的文献中搜寻史料,包括本地社会、政治、经济、历史、地理、文化、军事、科技、文学、艺术、宗教、哲学等各个方面的文献,所以也有人认为地方史料学也就是地方文献学。且不论这一概念是否严谨,是否有以一概全之嫌,但可肯定地说:地方文献学与地方史料学是不可分割的;治地方史料学不能不治地方文献学。因此,对于《概说》与《丛刊》这两部地方史料著作也可看作是地方文献学著作。

云南地方文献学研究始于何时,暂无可考。早在明景泰年间的《云南图经志书》中就有《艺文志》四卷,但所载多为元人所做诗文碑记,“详于诗文而略于事实”[7]。学术界公认较早开创了云南地方文献书目之先河的应推明万历年间邹应龙修、李元阳纂《云南通志》,书中专设《艺文志》,下设"遗文"和"乡人著述"专目,收录记载云南史事之书 21 种,云南人的诗文集 58 种。其后又有明万历年间谢肇淛撰辑的《滇略》,天启年间,刘文徵纂修的《滇志》,均专志云南文献。

清康熙、雍正两朝都纂修有《云南通志》,也都设有《艺文志》,但在内容上仅在万历《云南通志·艺文志》著录的基础上做了增删。乾隆年间,倪蜕撰写的《滇小记》,列"滇云记载""滇云人士诗文集""客滇诗文集""方外诗文集"诸目,并全文录载。然是书所载多为诗文集,史实记载则未超出前几种。嘉庆年间,师范编纂了《滇系》,全文收录典籍。《云南书目》作者近人李小缘先生称该书全篇录载,类似丛书;包罗万象,类似类书;艺文选录之广,则又类似(艺)文总集,是一重要参考书[8]。与该书相得益彰的则有清道光年间王崧辑录的《云南备征志》,收录前人记载滇事之书 61 种,汇编为 21 册,是滇史研究的必备书之一。师、王二书对方国瑜先生研究云南地方文献产生过重要影响。

清道光年间,云贵总督阮元编纂《云南通志》,在"艺文志"部分,专列了"记载滇事之书"二卷、"滇人著述之书"二卷,以书目形式共著录书籍 978 种,著录金石文字二卷,成为当时最可称道、也最具使用价值的一部云南地方文献学著作。云南地方文献学家李孝友先生认为,道光《云南通志·艺文志》与以往志书相比较,在著录文献方面有三大特点:一是搜罗广泛,二是撰有提要,三是标明出处,不仅用力较多,而且有所创新,为以后纂修志书者收录文献所取法[9]。后又有光绪《云南通志·艺文志》、光绪《续云南通志·艺文志》、民国《新纂云南通志·艺文考》、民国《续云南通志长编》等,在书籍著录方面都效法了道光志,仅在书籍取舍上有所增补。可以说道光《云南通志·艺文志》已在文献著录方面形成了云南地方文献书目著录的基本体系和基本规模。近人方树梅纂《明清滇人著述书目》,李小缘纂《云南书目》亦可见道光志所创之体例。道光《云南通志·艺文志》对方国瑜先生也产生过重要影响。

方国瑜先生的《云南史料目录概说》与《云南史料丛刊》继承了前人的优良治学传统,同时又多有创新。其一,在资料搜集方面,求其完备。无论是《概说》,还是《丛刊》,著录自汉至清的云南史事之书可说是搜集殆尽,甚至一部著作中有与云南有关的只言片语,都详加考证,予以著录,内容囊括了云南古代社会、政治、经济、历史、地理、文化、军事、科技、诗文等各个方面。前人所著书目中,以方树梅和李小缘所著史料最为详尽,亦不如《概说》及《丛刊》所录。《概说》与《丛刊》还收录了金石文物文字数百篇,也是旧志所不及的。虽道光志著有金石文字二卷,但其著录粗疏,数量也不及方国瑜先生所著。其二,在解题方面,求其准确。旧志"艺文志"对收录的文献多数只做辑录或题录,不做解题,自道光《云南通志·艺文志》后,也作解题,但大多较为粗略。即便是方树梅和李小缘二位先生所做书目解题,也大多对前人所做旧文稍加删改而成,就考证方面较为欠缺。方国瑜先生的《概说》和《丛刊》则对所收文献进行了详细的著录、考证、评论和说明。《概说》中对有些文献的说明、考证极详,实际就是一篇完整的论文,这在云南地方书目史上是空前的。其三,在辑录原文方面,求其真实。《概说》以其完备的著录和准确的考证著称,在此基础上完成的《丛刊》,所收文献原文都经过了严格的考证,可说是云南地方文献史上收书最多、最系统、最可信的一部大型地方文献丛书。云南地方史料文献学研究史上,最为推崇的《滇系》和《云南备征志》二书,不仅在收书数量上远不及《丛刊》,而且由于考证之粗略,所收原文也多有讹误,唯《丛刊》真正做到了"使研究者信得过,用得上"[10]。正是以上这些特点,使《云南史料目录概说》与《云南史料丛刊》成为云南地方文献研究史上不可多得的超越前人之作。

(三)

《概说》与《丛刊》的出版,为云南地方史研究奠定了坚实的基础。方先生曾在《云南地方史导言》中谈到过他的工作计划,从该计划中我们可窥见其进行史料文献研究的目的。方先生计划在他有生之年完成四部分工作：首先进行史料的收集整理，完成《云南史料丛刊》的编辑；史料收集整理工作完成后，进行《云南历史资料编年》的编辑；继而写出云南各民族专史和云南农业史、矿业史、交通史、商业史等专门史；最后完成《云南地方史》，即《云南通史》的编纂[11]。史料收集整理工作是方先生首先要做的工作，他计划完成从《云南民族史史料目录解题》到《云南史料目录概说》《云南史料丛刊》的工作。由于方先生的过早辞世，整个计划未能实现。《云南史料丛刊》尚未完成；历史资料编年仅完成了《元代云南行省傣族史料编年》；专史仅完成了《彝族史稿》；由于教学需要，提前编写了《云南地方史讲义》的初稿。这里我们较能完整看到的是方先生第一步工作计划的成果，他虽未能亲自实现，但却随着《云南史料丛刊》的问世，由他的学生们继承其遗志完成了这步工作，这是项巨大的工程，它的完成可说是云南史学界的一件大事，也是云南地方文献学界的一件大事，为云南史学研究奠定了坚实的资料基础，也有学者称《云南史料丛刊》是"滇云史籍之总汇，研究资政之宝藏"[12]。方先生自己未及享用这些成果以完成他后续的工作计划，却为后人建造了一座滇史研究取之不尽、用之不竭的资源宝库。我们从后人所撰多部云南史学经典著作中，都可看到方先生所做基础工作的烙印。尤其早年，《云南民族史史料目录解题》不仅是培养云南民族史、云南地方史人才的教材，更是研究云南的学者和干部案头必备的参考书，许多研究云南地方史和民族史的著作的产生都多少借助了这一基础，如《云南民族史讲义》《云南各族古代史略》[13]《云南简史》[14]等，相信《概说》与《丛刊》将起到比《云南民族史史料目录解题》更大的作用。

方国瑜先生在滇史研究方面所起的基石作用，是云南古往今来任何一位学者都无可替代的，这基于方先生对基础工作的深刻理解和博大胸怀。方先生在《云南史料目录概说》的后记中写道："旧社会个人观念重，各人都做基础工作，问题研究好了，把基础的稿子毁掉，拿出来的成果，只要'绣罢鸳鸯从君看，不把金针度与人'，成了风气。而愿意发表基础工作的人，如齐召南、李兆洛、汪辉祖、吴廷燮等人，作了一些工具书，看作是傻子，吃力不讨好，这是中国学术所以进步延缓的原因。社会主义时代，要彻底批判这种恶劣作风，要多搞基础工作，为大家用。”[15]方先生不仅是这样说，也是这样做的。如龚荫教授在其纪念方先生的文章中记述了在研究云南土司制度问题时受到方先生史料方面的指导的经历[16]；又如方先生在《元代云南行省傣族史料编年》弁言中记述了曾将该书书稿交江应樑教授提意见并供其编写傣族史讲义使用的过程[17]。虽江先生最终出版《傣族史》[18]时，未加采用，但足可见方先生的精神，他无私地将他史料研究的成果奉献了出来供众人使用，从另一方面实现了他一生的价值。对于一位学术造诣深厚、学术成果斐然的大学者来说，这是多么不易、多么高尚的情操和胸怀。

（四）

通过《云南史料目录概说》与《云南史料丛刊》，我们可学习到许多方先生治云南地方文献学的经验和方法，这些经验和方法不能不说是方先生对文献学研究的贡献之一。

首先，对于问题的考证，方先生认为，一是要有理证，要用常理去判断；二是要有书证，用当时的文件如诏令、法律等做证据；三是要有物证，要以实物证之；四是要实地考察，即去实地调查研究[19]。

其次，对于史料文献的分析鉴别，方先生总结出了一套方法：①鉴别史料的来源，要考察其原始出处、保存与流传过程；②鉴别史料的真伪，要考察其作者、时间、地点和使用；③鉴别古代史料，要考察其制作的原料和技术；④鉴别史料形式，要考察是否与当时当地切合，是否合理；⑤鉴别史料的印章，要考察其式样、尺寸、花纹、字体、内容是否与当时（朝代）规定相符；⑥鉴别史料的字体，要考察手写的笔迹、印刷的字形、避讳改字与用字的习惯；⑦鉴别史料的文体，要考察是否与那个时代文体相符，各个时代是不相同的，可以说是天然的划界；⑧鉴别史料的变化，要考察其怎样变化及其变化的过程；⑨鉴别不清楚的史料，要实事求是,可存疑待证,切忌主观臆断,牵强附会;⑩鉴别史料,要注意社会性,即阶级性[20]。

其三,治文献学需具备雄厚的国学基础和广博的知识,方先生在自序中曾谈到他最初的治学经历是从整理史料、专心本省文献、注意地方历史文化研究开始的(见《滇史论丛》自序、《方国瑜文集》自序)。自序中谈到他年轻时师从钱玄同、余嘉锡、马衡、陈垣、梁启超、章太炎、杨树达、刘半农、袁嘉谷、周钟岳、由云龙、方树梅、赵式铭、赵元任、李方桂等国学大师及滇学大师研习史学、音韵学、文字学、文献学、目录学、版本学、校勘学、训诂学等科目的情况,这些都为方先生成为一代杰出的史学家、文献学家、史料学家奠定了厚实的基础。成为《概说》与《丛刊》产生的思想基础。重要代表作《云南史料目录概说》以及在此基础上主编完成的《云南史料丛刊》,不仅代表了方先生对云南地方文献学研究的最高成就和最大贡献,也全方位展示了方先生在历史学、民族学、宗教学、地理学、文献学、史料学、版本学、校勘学、训诂学、金石学等各个方面的造诣与才华,汇集了方先生一生所学。

其四,对于文献的收集整理,方先生认为必须肯下功夫。文献学研究需要多年的积累,需从搜集整理研究史料及各种文献开始,这一工作极其艰苦、浩繁,方先生从 20 世纪 30 年代便开始了这一工作。林超民教授在《云南史料丛刊》后记中记述了方先生积累史料的过程:"方先生阅读并辑录了大量云南地方史料。每读一部书或一篇文章,都做笔记,写下概要。""方先生博览云南历史典籍。他将道光《云南通志·艺文志》的单行本置于案头随时翻阅,按照目录搜寻史料。方先生每读一部书都做卡片,并写札记与评论。"同时林超民教授还记述了方先生读书"韦编三绝"以及"两快",几乎遍览与云南有关的所有文献,重点文献反复研读,所做札记、笔记、卡片、评论不计其数的动人景况[21]。正是方先生的吃苦耐劳精神以及科学的治学方法,使其积累了渊博、厚实的史料学和文献学基础;也正是方先生具备了渊博、厚实的史料学、文献学基础,才使其在学术上获得了巨大的成功。

方先生无愧为当代滇史研究的杰出学者,他对中国史学研究、滇史研究、地方文献研究所做的卓越贡献，将永远载入云南学术研究的史册。从一个文献工作者的角度理解方先生，最令人感动的是方先生耐得寂寞吃得苦、甘为他人作嫁衣的风范，这应当是每一位文献工作者所具备的基本素养，更是每一位做学问的人应当具备的精神。从《云南史料目录概说》和《云南史料丛刊》中，我们深切体验到方先生踏实治学、求实进取的学术精神以及无私奉献、甘为人梯的高尚情操。我想，如果用方先生的精神去研读《概说》与《丛刊》，我们的收获将会更大。

参考文献

1,5　林超民. 方国瑜先生传略//方国瑜文集（第一辑）. 昆明：云南教育出版社，2001

2,3,11　方国瑜.《云南史料丛刊》前言. 昆明：云南大学出版社，1998

4,5,6　林超民.《云南史料丛刊》后记. 云南史料丛刊（卷13）. 昆明：云南大学出版社，2001

7　诲人不倦千古师范. 云南大学报，2003－03－10（1）

8　李孝友. 云南书林史话. 昆明：云南人民出版社，1998

9　李小缘. 云南书目. 昆明：云南人民出版社，1988

10　李孝友.《云南近现代社会科学研究书目（宋光淑编）》序言. 昆明：云南人民出版社，1996

12　方国瑜. 云南地方史导言//云南郡县两千年. 昆明：云南广播电视大学，1984

13　云南各族古代史略. 昆明：云南人民出版社，1977

14　马曜. 云南简史. 昆明：云南人民出版社，1983

15　方国瑜. 云南史料目录概说（第三册）. 北京：中华书局，1984

16,19,20　龚荫. 西南民族史地理学的一代大师. 西南民族学院学报（哲学社会科学版），1996（5）

17　方国瑜. 元代云南行省傣族史料编年//云南史料丛刊（卷3）. 昆明：云南大学出版社，1998

18　江应樑. 傣族史. 成都：四川民族出版社，1983

原载于《云南社科情报资料》，2003年第1—2期合刊

主要论著目录

著作

1. 社会科学文献检索与利用基础教程，云南大学出版社，1995（副主编，撰写第十三、十四章约5.2万字，1998年9月获云南省教委高教处暨云南省高校图工委颁发的“云南省高校八五以来图书情报优秀成果著作类一等奖”）
2. “新千年的大学图书馆——功能、发展趋势与国际合作”国际学术研讨会论文集，云南大学出版社，2002年（主编）
3. 图书馆转型的思考——云南大学图书馆学术论文集，云南大学出版社，2000年（主编）
4. 图书馆与市场经济，云南大学出版社，1996（合编，第一执行编辑，1998年9月获云南省教委高教处暨云南省高校图工委颁发的“云南省高校八五以来图书情报优秀成果著作类二等奖”）
5. 纳西东巴文化研究总览，云南大学出版社，2006年（参编，获云南省第十一次哲学社会科学优秀成果三等奖）。
6. 中国民俗文化国际学术研讨会论文集，云南大学出版社，1999年（参编）
7. 云南大学教授概览，云南大学出版社，1996年（参编）

论文

1. 谈谈书次号的规范化与多样化，云南图书馆（季刊），1990年第2期

（1989 年 12 月获云南省高校图工委首届论文评选优秀论文奖）

2. 新奇的电子小说（译文），云南图书馆（季刊），1992 年第 4 期

3. 深化改革，迎接挑战，开创图书馆事业的新局面——云南省高校图书馆召开“图书馆与市场经济”学术研讨会，云南图书馆（季刊），1994 年第 1 期

4. 高校图书馆评估指标体系与高校图书馆发展模式，云南图书馆（季刊），1994 年第 2 期（收入《中国图书情报工作文库》第 5 卷5548—5550 页，中央编译出版社，1996 年 5 月；1998 年 9 月获云南省教委高教处暨云南省高校图工委“云南省高校八五以来图书情报优秀成果论文类一等奖”）

5. 图书馆目录走向社会进入市场的必然性与可能性初探，第一作者，见：《图书馆与市场经济》第 230—235 页，云南大学出版社，1996 年 9 月（入选 1993 年云南省高校图书馆“图书馆与市场经济”学术研讨会，大会发言；1998 年 9 月获云南省教委高教处暨云南省高校图工委“云南省高校八五以来图书情报优秀成果论文类二等奖”）

6. ’96 北京 IFLA 大会印象，云南图书馆（季刊），1996 年第 4 期

7. 一卷在手，治学有路——《云南近现代社会科学研究书目》评介，云南图书馆（季刊），1997 年第 1 期

8. 中国少数民族地区图书馆与文化转型——图书馆为经济建设发展服务的切入点，第二作者，学术探索，1999 年第 6 期（1995 年 5 月获’96北京国际图联大会论文征文优秀论文奖）

9. 校、院、系分级管理与文献资源的布局配置，思想战线，1997 年增刊（1998 年 10 月获全国地方综合性大学图书馆学术研讨会优秀论文一等奖）

10. 21 世纪我国大学图书馆员转型的思考，入选“21 世纪大学图书馆的新使命——庆祝北京大学建校一百周年国际学术研讨会”，见：北京大学图书馆编《21 世纪大学图书馆的新使命——庆祝北京大学建校一百周年国际学术研讨会论文集》（142—145 页），北京大学出版社，1998 年 10 月

11. 世纪之交高校图书馆发展环境及对策思考,宁波大学学报:教育科学版,1998 年第 5 期
12. 女性图书馆员职业性修养的基础,云南图书馆(季刊),1999 年第 1 期
13. 积极探索,勇于实践,为促进云南省高校图书馆的转型而努力奋斗——云南高校“21 世纪的大学图书馆”学术研讨会闭幕词,见:云南省高校图工委编《21 世纪的大学图书馆论文集》,云南科技出版社,1999 年 5 月
14. 试论转型期高校图书馆的多元一体化服务,大学图书馆学报,1999 年第 4 期(1998 年 10 月获云南省高校“21 世纪的大学图书馆学术研讨会”优秀论文奖)
15. 译书与传统民俗、传统宗教——从汉译日本近代妖怪学著作谈起,入选 1997 年“中日民俗文化国际学术研讨会”,见:《中日民俗文化国际学术研讨会论文集》,云南大学出版社,1999 年 11 月
16. 中国少数民族地区图书馆与文化经济发展,第二作者,图书馆理论与实践,2000 年第 1 期
17. 转型期高校图书馆服务方式的转变,见:《图书馆转型的思考——云南大学图书馆学术论文集》,云南大学出版社,2000 年 12 月
18. 新型图书馆员形象塑造的基本要素,见:《图书馆转型的思考——云南大学图书馆学术论文集》,云南大学出版社,2000 年 12 月
19. 开放式服务,寓教于其中,见:《现状 · 思考 · 举措》,云南大学出版社,2000 年 12 月
20. 图书馆的现代化与业务工作的重组和管理,见:《高校图书馆改革与发展》,云南大学出版社,2002 年 4 月
21. 新世纪大学图书馆发展目标选择的思考,见:《“新千年的大学图书馆——功能、发展趋势与国际合作”国际学术研讨会论文集》,云南大学出版社,2002 年 5 月(入选 2001 年云南大学“新千年的大学图书馆——功能、发展趋势与国际合作”国际学术研讨会,大会发言)

22. 云南地方文献学的集大成之作—《云南史料目录概说》与《云南史料丛刊》介评,云南社科情报资料,2003 年 1—2 期
23. 学习新《规程》,迎接高校图书馆事业的新高潮,云南图书馆(季刊),2003 年第 2 期
24. 面向学习型社会的图书馆知识管理问题,云南图书馆(季刊),2004 年第 2 期
25. 全面质量管理理论在图书馆的应用进展以及图书馆管理应对,云南图书馆(季刊),2006 年第 1 期
26. 图书馆馆藏文献数字化建设若干问题的思考,大理学院学报,2006 年第 3 期(2007 年 3 月获《大理学院学报》2006 年优秀论文一等奖)
27. 论图书馆学、档案学和信息管理学专业本科课程一体化建设与复合型人才的培养问题,第二作者,档案学通讯,2007 年第 1 期
28. 数字环境下云南多元民族文化资源的整合模式,第三作者,图书馆学刊,2007 年第 2 期
29. 基层图书馆信息资源保障及建设方略探析,云南图书馆(季刊),2007 年第 4 期
30. 网络环境下信息获取的非规范行为及有效控制的目标和原则,档案学通讯,2007 年第 6 期[2006 年 6 月入选"信息技术与教育:伦理道德问题"国际学术研讨会(ITIE2006),做分组发言]
31. 关于图书馆学教育与图书馆实践相结合的几点思考,见:沈乃文主编《传薪集——祝贺吴慰慈教授七十华诞文集》,北京:北京图书馆出版社(今国家图书馆出版社),2007 年 12 月
32. 关于图书馆学教育与实践相结合的思考,中国图书馆学报,2008 年第 4 期
33. 1978 －2007 年我国农村图书馆研究状况述评,第三作者,中国图书馆学报,2009 年第 2 期
34. 数字时代大学生的信息素质教育——基于知识结构优化的思考,大学图书馆学报,2009 年第 3 期。(2008 年 7 月入选武汉大学信

息管理学院、台湾中华图书资讯学教育学会、武汉大学信息资源研究中心联合主办的“第九届海峡两岸图书资讯学学术研讨会”,并收入该会论文集 A 辑)。

35. 近三十年来我国农村信息需求与服务研究综述,第二作者,图书馆理论与实践,2011 年第 9 期
36. 论图书馆服务能力的全面提升——基于图书馆服务能力系统的讨论,云南图书馆(季刊),2011 年第 3 期
37. 论图书馆学硕士研究生核心能力的培养,台湾中华图书资讯学教育学会、台湾淡江大学资讯与图书馆学系、武汉大学信息管理系联合主办“2012 年第 11 届海峡两岸图书资讯学学术研讨会”会议论文集 B 辑(大陆),台北:淡江大学,2012 年 7 月
38. 方国瑜先生论著略述,云南文史,2013 年第 2 期
39. 集云南文献之大成　筑滇史研究之基石——方国瑜先生论著浅识,见:林超民主编《方国瑜诞辰一百一十周年纪念文集》,昆明:云南大学出版社,2013 年 11 月